सबसे बड़ा सत्य

सबसे बड़ा सत्य

नरेन्द्र कोहली

वाणी प्रकाशन

वाणी प्रकाशन
4695, 21-ए, दरियागंज, नयी दिल्ली 110 002

शाखा
अशोक राजपथ, पटना 800 004

फ़ोन : +91 11 23273167 फ़ैक्स : +91 11 23275710

www.vaniprakashan.in
vaniprakashan@gmail.com

SABSE BADA SATYA
by Narendra Kohli

ISBN : 978-93-5072-903-8
Satire

प्रथम संस्करण 2015

मूल्य : ₹ 195

हर्ष प्रिंटर्स, दिल्ली-110 093 में मुद्रित

वाणी प्रकाशन का लोगो मक़बूल फ़िदा हुसेन की कूची से

भूमिका

पिछले कुछ वर्षों से मेरा स्फुट व्यंग्य-लेखन प्रायः स्थगित है। इन वर्षों में या तो उपन्यास ही लिख पाया हूँ, अथवा आवश्यक होने पर व्यक्तिगत निबन्ध। अपनी सृजन-प्रक्रिया में होते हुए इस परिवर्तन से परिचित तो हूँ, किन्तु उस पर मेरा वश नहीं है। जीवन के अनुभवों के गहरे और विस्तृत होने के साथ-साथ या तो छोटी रचनाएँ भी बहुत कुछ कहने की आवश्यकता की मजबूरी में खिंचकर लम्बी होती जाती हैं, या किसी उपन्यास के लेखन में लगे होने के कारण छोटी रचनाओं के विचार स्वयं ही टल जाते हैं, या मैं ही उन्हें टाल देता हूँ। यह तो जानता हूँ कि 'कथा' तथा 'व्यंग्य' दोनों तत्त्व मेरे भीतर ऊधम मचाते रहते हैं, किन्तु लौटकर फिर छोटी कहानियों तथा छोटे व्यंग्यों पर आऊँगा, या अब उपन्यास तथा व्यंग्य-उपन्यास ही लिखूँगा—यह कहना कठिन है।

अपनी व्यंग्य-रचनाओं में से 'श्रेष्ठ' का चुनाव कैसे करूँ? श्रेष्ठ रचनाएँ किन्हें मानूँ, जो मुझे प्रिय हैं या जो प्रशंसित हुई हैं? जो लोगों का मनोरंजन करती हैं या जो प्रखर प्रहार करती हैं? जिनमें बात कटु है या जिनका शिल्प नया बन पड़ा है?

मुझे लगता है कि लेखक एक सीमा तक ही अपनी रचनाओं के प्रति तटस्थ हो सकता है। फिर भी उसके लिए अपनी रचनाओं में से कुछ का चुनाव असम्भव हो, ऐसी बात नहीं है, क्योंकि अन्य लोग भी तो अपने पूर्वाग्रहों से मुक्त नहीं हो पाते। इसलिए मेरा ही चुनाव क्या बुरा है! अतः मैंने बिना किसी से पूछे, अपने-आप अपनी रचनाएँ छाँट डाली हैं। वे रचनाएँ श्रेष्ठ हैं या नहीं, इसका निर्णय मैं नहीं कर सकता। मैं तो केवल यह कह रहा हूँ कि अपनी रचनाओं में से चुनाव मैंने अपनी इच्छा और पसन्द से किया है। 'श्रेष्ठता' के साथ मैंने प्रतिनिधित्व का भी ध्यान रखा है। प्रयत्न किया है कि विषय, शिल्प तथा तकनीक के वैविध्य को भी महत्त्व दूँ।

व्यंग्य को स्वतन्त्र विधा मानने के विरुद्ध सबसे बड़ी आपत्ति यह है कि व्यंग्य आज विभिन्न विधाओं में लिखा जा रहा है—कविता में, कहानी में, निबन्ध में, उपन्यास में, नाटक में। किन्तु ऐसी आपत्ति करने वाले भूल जाते हैं कि कथा-साहित्य भी महाकाव्यों में लिखा गया, नाटकों में लिखा गया, बृहत् उपन्यासों, लघु उपन्यासों, कहानियों तथा लघुकथाओं में लिखा गया। कविता महाकाव्य, खंडकाव्य, काव्य, गीत, नाटक इत्यादि छोटे-बड़े अनेक रूपों में लिखी गयी। नाटक पद्य-रूपक, गीति-काव्य, स्वतन्त्र नाटक, एकांकी इत्यादि रूपों में लिखा गया।

इन सारी विधाओं पर विचार करने से, सहज ही यह निष्कर्ष निकलता है कि विधा की दृष्टि से साहित्यकार के व्यक्तित्व का मूल तत्त्व ही निर्णायक तत्त्व है : जो व्यंग्य के सन्दर्भ में साहित्यकार का सात्विक, सृजनशील तथा कलात्मक, वक्र आक्रोश है। इतनी बात हो जाने के पश्चात, आगे का वर्ग-विभाजन भी किया जा सकता है कि व्यंग्य की कैसी रचना को, शुद्ध व्यंग्य माना जाये और किस रचना के साथ अन्य विधाओं का मिश्रण होने के कारण किसी अन्य विशेषण की आवश्यकता होगी।

हिन्दी के व्यंग्य-साहित्य को देखें तो यह बात स्पष्ट हो जाती है कि स्वतन्त्रता-प्राप्ति के बाद से, सामाजिक-राजनीतिक विसंगतियों के कारण, भारतेन्दु-युग के पश्चात्त व्यंग्य का टूटा हुआ सूत्र न केवल फिर से पकड़ा गया, वरन् नवीनता और निखार के साथ दृढ़ किया गया। 'व्यंग्य संकलन' के नाम से पुस्तकें छपीं, उनमें ऐसे व्यंग्यात्मक निबन्ध थे, जो न तो निबन्ध की परम्परागत परिभाषा में आते हैं, न कहानी की। हिन्दी के स्वातन्त्र्योत्तर व्यंग्य साहित्य की रीढ़ ये रचनाएँ ही हैं, और इन्हीं रचनाओं ने व्यंग्य को हिन्दी साहित्य में स्वतन्त्र विधा के रूप में प्रतिष्ठित किया। इस मूल विधा की परिधि पर व्यंग्य-कथाएँ, व्यंग्य-उपन्यास तथा व्यंग्य-नाटक स्थापित हुए।

कविता में भी व्यंग्य लिखे अवश्य गये, किन्तु कवि इस विधा की स्वतन्त्रता के विषय में इतने गम्भीर दिखाई नहीं पड़े, जितने कि गद्य-लेखक। व्यंग्य-कवियों की महत्वाकांक्षा कवि बनने की ही रही, गद्य में लिखने वाले व्यंग्यकारों की, व्यंग्यकार बनने की।

कुछ अतिरिक्त शास्त्रीय समीक्षक व्यंग्य को केवल एक 'शब्दशक्ति' के रूप में ही स्वीकार करते हैं। मुझे यह मानने में कोई आपत्ति नहीं है कि हिन्दी साहित्य के रीतिकाल तक, व्यंग्य या तो एक शब्दशक्ति था, या अन्योक्ति, वक्रोक्ति अथवा समासोक्ति जैसा अलंकार। किन्तु समय और परिस्थितियों के परिवर्तन के साथ विधाओं का विकास भी होता है, और नयी विधाओं का निर्माण भी। हम व्यंग्य को आज के सन्दर्भ में देखें तो पाएँगे कि आज के व्यंग्य-उपन्यासों, व्यंग्य-निबन्धों, व्यंग्य-कथाओं तथा व्यंग्य-नाटकों में व्यंग्य के शब्दशक्ति अथवा अलंकार मात्र नहीं हैं। उसका विकास हो चुका है और वह शास्त्रकार से माँग करता है कि वह व्यंग्य-विधा के लक्षणों का निर्माण करे।

किसी विधा को एक ही भाषा के सन्दर्भ में देखना भी उचित नहीं है। सम्भव है कि यह कहा जा सके कि अमुक भाषा में व्यंग्य नहीं है। किन्तु संसार की किसी भाषा में व्यंग्य अथवा 'सैटायर' स्वतन्त्र विधा ही नहीं है, और वह स्वतन्त्र विधा हो ही नहीं सकता, ऐसा कहना मुझे उचित नहीं जँचता।

–नरेन्द्र कोहली

अनुक्रम

कबूतर

टाउन हॉल के सामने एक चबूतरा अब भी है, तो पहले भी रहा होगा। उस पर किसी समय ब्रितानी साम्राज्य की सम्राज्ञी विक्टोरिया की काले रंग के पत्थर की बड़ी-सी मूर्ति हुआ करती थी। अब वह कहाँ है, मुझे पता नहीं है। जब मन्दिरों में महापराक्रमी भगवान की मूर्तियाँ चोरी चली जाती हैं तो बीच चौराहे से एक नारी मूर्ति का गायब हो जाना कौन-सी अचम्भे की बात है, चाहे वह कितने ही काले पत्थर से क्यों न बनी हो।

इंडिया गेट के बाहर पाँचवें जॉर्ज की मूर्ति पर छत्र बनवानेवाले अंग्रेज पता नहीं कैसे चूक गये और उन्होंने रानी विक्टोरिया की मूर्ति के ऊपर छत्र नहीं बनवाया। उन्होंने शायद सोचा था कि पाँचवें जॉर्ज की सफेद रंग के पत्थर की मूर्ति एक अंग्रेज की मूर्ति लगती है, इसलिए उस पर छत्र आवश्यक है, पर विक्टोरिया की काले रंग की मूर्ति हिन्दुस्तानियों में खप जायेगी, इसलिए उस पर छत्र आवश्यक नहीं है। पर नेटिवों को डराने के लिए उन्होंने मूर्ति के दोनों ओर तोपें जरूर रखवा दी थीं। वे तोपें गोले नहीं दागती थीं। मेरा अपना विचार है कि जनरल कौल वही तोपें उठवाकर चीनियों से लड़ने के लिए लद्दाख में ले गये थे। अब वे तोपें पीकिंग के अजायबघर में हैं।

विक्टोरिया काफी आराम से बैठी थी और मूर्ति का फैलाव काफी था। कबूतरों के बैठने का काफी आरामदेह स्थान था वह। हुआ यह कि उस मूर्ति पर और उसकी छत्रछाया में कबूतरों की आम सभाएँ होने लगीं। हिन्दुस्तानी कबूतर थे कमबख्त! अदब-कायदा कुछ जानते न थे, इसलिए हर कबूतर नियम से उस मूर्ति पर तीन बार बीट अवश्य करता था।

उस जमाने में दिल्ली में सिवाय भारतीयों के और किसी भी राष्ट्र का नागरिक भंगी का काम नहीं करता था और हिन्दुस्तानी भंगी में इतना साहस कहाँ से आता कि वह ब्रितानी साम्राज्य की महान् सम्राज्ञी की मूर्ति के पास फटकता। होते-होते हुआ यह कि विक्टोरिया की मूर्ति पर कबूतरों की बीट का ढेर लग गया। तोली नहीं गयी, इसलिए सही नहीं बता सकता, वैसे अन्दाज से कह सकता हूँ कि टन-दो टन तो होगी ही।

उन्हीं दिनों इंग्लैड के प्रधानमन्त्री श्री भारत के दौरे पर आये। उन्होंने जब सम्राज्ञी की दुर्दशा देखी तो घबरा गये। उनके आगे बात स्पष्ट थी कि जिस देश के कबूतर तक इतने राजद्रोही और साहसी हों, वहाँ कोई अन्य देश शासन नहीं कर सकता। परिणामस्वरूप, उन्होंने भारत को स्वतन्त्र कर दिया। मुफ्त में यश मिला महात्मा गाँधी, नेताजी सुभाष तथा द्वितीय महायुद्ध को। स्वतन्त्रता के इतिहास में उन महान् कबूतरों को एकदम भुलाकर भारतीयों ने अपनी परम्परागत कृतघ्नता का प्रमाण दिया है।

स्वतन्त्रता जब ऊपर से टपकी तो लोगों ने गाँधी टोपी फैलाकर उसे समेट लिया। महात्मा गाँधी चूँकि अपने नाम की टोपी नहीं पहनते थे, इसलिए उनके हिस्से कुछ नहीं आया। हाँ, उनके राजनीतिक पुत्रों ने उनकी मूर्ति कम्पनी बाग में बनवा दी, ताकि वे बाग के फूलों और सैर करनेवालों में ही भूले रहें और राजनीति की बात न सोचें।

महात्मा गाँधी मूर्ति में बसते थे और मूर्ति चल नहीं सकती थी, इसलिए गाँधीजी जड़ हो गये। गाँधीवाद चल निकला। वह चलता-चलता नगर निगम में घुसा, विधानसभाओं में घुसा और जाकर लोकसभा में भी बैठ गया।

इधर विक्टोरिया की मूर्ति चोरी चली गयी थी और देश को स्वतन्त्र करानेवाले क्रान्तिकारी देशभक्त कबूतर फिर से निराश्रित हो गये थे। उड़ते-उड़ते वे गाँधीजी की मूर्ति पर आ बैठे।

गाँधीजी ने उन्हें देखकर टोका, “देखो, मेरे ऊपर बीट मत करना।” और उन्होंने धमकी दी, “तुमने यदि मेरे ऊपर बीट की तो अंग्रेजों के समान मेरे शिष्य भी देश को छोड़ जायेंगे और देश का सत्यानाश हो जायेगा।”

गाँधीजी ने सोचा था कि कबूतर इस बात को सुनकर पीछे हट जायेंगे, पर कबूतर मँडराते रहे, मँडराते रहे और आकर मूर्ति पर बैठकर हँसने लगे।

गाँधीजी ने कबूतरों को हँसते कभी नहीं देखा था। वे बड़े हैरान हुए। उन्होंने पूछा, “हँसते क्यों हो?”

“मुझे पता नहीं है,” कबूतर बोले, “कि अब सारा देश एक मत से यह चाहता है कि तुम्हारे शिष्य देश को छोड़ जायें। यदि हमारे कारण तुम्हारे शिष्य देश को छोड़ गये तो समझो कि हमने देश को दूसरी बार मुक्त किया।”

“यह बात है?” गाँधीजी ने पूछा।

“हाँ!” कबूतर बोले, “और यह मत सोचो कि तुम्हारे शिष्य देश को छोड़ जायेंगे। अंग्रेजों में लाज-शरम थी। तुम्हारे शिष्यों में कुछ नहीं है। वे तो देश को ऐसे चूस रहे हैं, जैसे कुत्ता हड्डी को चूसता है।”

“पर तुम कहीं और बीट क्यों नहीं करते?” गाँधीजी ने झल्लाकर कहा।

"कहाँ करें?" कबूतरों ने जोर से पंख फड़फड़ाये, "तुम्हारे पुत्रों ने सारे देश को इतना गन्दा कर रखा है कि उतनी गन्दी जगह पर बीट करते हमें शरम आती है।"

"ऐसा नहीं हो सकता।" गाँधीजी बोले, "तुम झूठ बोलते हो। मेरे तीन बन्दर कहाँ हैं?"

"तीन बन्दर!" कबूतर फिर जोर से हँसे, "तीनों बन्दर हर मन्त्री की आत्मा में समा गये हैं। देश में बन्दर-वृत्ति फैली हुई है। छीनो और खा जाओ। किसी दिन वे लोग तुम्हारे हाथ की यह लाठी भी छीनकर भाग जायेंगे।"

"और मेरे तीन बन्दरों के उपदेश?" गाँधीजी ने पूछा।

"वे उपदेश सब लोगों को जुबानी याद हैं। वे रोज सवेरे उनका जाप करते हैं और ऐसे सुन्दर नीति-वाक्यों के लिए तुम्हारी प्रशंसा करते हैं।"

"लोग उन पर आचरण नहीं करते?" गाँधीजी ने हत्प्रभ होकर फिर पूछा।

"उन्हीं पर तो आचरण करते हैं।" कबूतर बोले, "वे लोग किसी काम में बुराई नहीं देखते, किसी की बुराई नहीं सुनते और किसी को बुरा नहीं कहते। सब अपने-अपने धन्धे में मस्त हैं। वे केवल बुराई करने में विश्वास रखते हैं; कहने, सुनने और देखने में नहीं।"

"हाय-हाय!" गाँधीजी की आँखों से आँसू टपके, "और मेरे पाँच शील? क्या वे लोग पाँच शीलों को भी भूल गये हैं, उन पर अब कोई आचरण नहीं करता?"

"नहीं-नहीं।" कबूतरों ने उन्हें आश्वासन दिया, "तुम रोओ मत। देश में पाँचों शील बहुत ही लोकप्रिय हैं। अधिक-से-अधिक लोग उन पर आचरण कर रहे हैं। उनका तो विदेशों में निर्यात भी हो रहा है। आज सवेरे ही पंचशील मन्त्री ने लोकसभा के सदस्यों को आश्वासन देते हुए कहा है कि पंचशील के बढ़ते हुए निर्यात से हमारे सामने एक बहुत बड़ा खतरा आ खड़ा हुआ है कि कहीं देश में पंचशील की कमी न हो जाये और उसकी मूल्य-वृद्धि न हो। इस खतरे को दृष्टि में रखते हुए हम इस बात के लिए प्रयत्नशील हैं कि शीघ्र-से-शीघ्र पंचशील को खुले बाजार से हटा लिया जाये और वह केवल राशन की अधिकृत दुकानों पर राशनकार्ड पर मिला करे। हम केवल इसी से सन्तुष्ट नहीं हैं। देश के विभिन्न भागों में हम शीघ्र ही विदेशी सहायता से बड़े-बड़े कारखाने खोलने जा रहे हैं, जहाँ 'निरोध' के समान ही व्यापक स्तर पर पंचशील का निर्माण भी होगा।

"तो पंचशील बहुत लोकप्रिय है?" गाँधीजी पोपले मुँह से हँस पड़े।

"बहुत अधिक!" कबूतरों ने कहा।

"लोग सत्य का पालन करते हैं?" गाँधीजी ने पूछा।

"हाँ।" कबूतर बोले, "सरकार ने जीवन का सत्य खोज निकाला है। वह इस निष्कर्ष पर पहुँची है कि जीवन बिना बेईमानी और धोखेबाजी के नहीं चल सकता। छल-कपट और स्वार्थ ही जीवन का सत्य है। और इस सत्य का व्यवहार जीवन के प्रत्येक क्षेत्र में हो रहा है।"

"अहिंसा का भी पालन होता है क्या?" गाँधीजी ने अपनी ऐनक को नाक पर ठीक से बैठाते हुए कहा, "फ्रेम अब काफी पुराना हो गया है, कुछ ही दिनों में टूट जायेगा।"

"नया फ्रेम अब तुम्हें कोई नहीं लेकर देगा, कि कहीं तुम नयी दृष्टि से दुनिया को न देखने लगो।" कबूतर बोले, "अपनी इसी ऐनक को सँभालकर रखो।"

"ऐनक को छोड़ो।" गाँधीजी बोले, "यह बताओ अहिंसा का पालन होता है।"

"खूब होता है।" कबूतरों ने आश्वस्त स्वर में कहा, "किसी अपराधी को दंड नहीं दिया जाता कि कहीं हिंसा न हो जाये। पुलिस की लाठियाँ भी पहले से काफी छोटी कर दी गयी हैं कि हिंसा हो भी तो कम हो। अफसरों को खुली छूट है कि वे हिंसा से बचने के लिए किसी को दंड देने के स्थान पर उससे उपहार ले लें, जिससे प्रेम बड़े और हिंसा कम हो। शत्रु देशों से मार खाकर भी हम सेना को उनसे भिड़ने की खुली छूट नहीं देते कि कहीं हमारी ओर से अधिक हिंसा न हो जाये।"

"खूब! बहुत खूब!!" गाँधीजी बहुत प्रसन्न हुए, "मेरा देश मेरे सिद्धान्तों को बहुत दूर तक विस्तार दे रहा है। इतना दूरदर्शी मैं नहीं था। अच्छा ब्रह्मचर्य से लोग रुष्ट तो नहीं हैं?"

"कतई नहीं।" कबूतरों ने कहा, "सब लोग ब्रह्मचर्य का पालन करते हैं। अपने ब्रह्म को कोई नहीं भूलता। वैसे आजकल धन और यौन नाम के दो ही ब्रह्म लोकप्रिय हैं। शेष ब्रह्म, पुराने किले के पास रहने लगे हैं।"

"ठीक है। ठीक है। किला ब्रह्म के लिए अच्छी जगह है। पुराना है तो क्या हुआ। पुरानी चीजें बुरी नहीं होतीं।" गाँधीजी भाव-विभोर होकर बोले, "अब मैं बुरा हो गया।"

"नहीं-नहीं, तुम कैसे बुरे आदमी हो सकते हो!" कबूतरों ने गुटरगूँ की, "अंग्रेज कहते हैं, 'ओल्ड इज गोल्ड'। हर पुरानी चीज सोना है। इसलिए तो हमारे देश ने सड़ी-से-सड़ी पुरानी चीज भी नहीं त्यागी। सुना है कि सरकार

केन्द्रीय सचिवालय को पुराने सचिवालय में और लाल किले को पुराने किले में ले जाना चाहती है।"

"नये-पुराने की बात छोड़ो।" गाँधीजी मुस्कराये, "यह बताओ, मेरे सिद्धान्त अपरिग्रह का भी कोई पालन करता है? मैंने सारा जीवन कुछ भी जमा नहीं किया। एक लँगोटी में जीवन काट दिया। अब लोग अपरिग्रह को बुरा तो नहीं समझते?"

"नहीं-नहीं, कतई नहीं!" कबूतरों ने कहा, "लोगों के पास है ही क्या कि वे जमा करें। कुछ मिलता ही नहीं है। दो-चार दुष्टों की बात जाने दो। जनता तो सारी भूखी-नंगी ही है। हाँ, सरकार अपरिग्रह में पूरा विश्वास रखती है।"

"कैसे? कैसे?" गाँधीजी ने प्रसन्न होकर पूछा।

"सरकार अन्न जमा नहीं करती, इसलिए अकसर अकाल पड़ते रहते हैं।" कबूतर बोले, "सरकार ने कभी इतना धन जमा नहीं किया कि अपनी किसी योजना को पूरा किया जा सके। जितनी भी आय हो, वह सारा धन खर्च कर देती है। और तो और, वह तो सेना के लिए हथियार जमा करने में भी विश्वास नहीं करती। लड़ाई छिड़ने पर हमारे मन्त्री विदेशों की सैर करने के लिए चल पड़ते हैं कि हथियार माँगकर लायें।"

"वे मेरे सच्चे सपूत हैं।" गाँधीजी का कंठ गद्‌गद हो आया, "और पाँचवाँ शील अस्तेय...?" वे अपना वाक्य भी पूरा नहीं कर पाये।

"अस्तेय... चोरी नहीं करना।" कबूतर अधिक उत्साह से बोल पड़े, "इस शील का आचरण इस देश में सबसे अधिक हो रहा है। यहाँ कभी चोरी नहीं होती। कोई चोरी नहीं करता। उसकी आवश्यकता ही नहीं है। अपराधी को दंड तो मिलता ही नहीं। फिर कोई काम चोरी-छिपे क्यों हो... यहाँ जब पड़ते हैं तो दिन-दहाड़े डाके ही पड़ते हैं। अस्तेय का व्रत कोई भंग नहीं करता।"

"बहुत अच्छा! बहुत अच्छा! सब लोग मेरी बात मानते हैं।" गाँधीजी बोले, "तुम भी मेरी बात मानो।"

"क्या?" कबूतरों ने पूछा।

"मुझ पर बीट मत करो।"

"तो कहाँ करें? सारे देश में और कोई साफ जगह ही नहीं है।" कबूतरों ने कहा।

"तुम्हारा अधिकार है कि तुम्हें बीट करने के लिए उपयुक्त स्थान मिले।" गाँधीजी अपने कोमल जोश में बोले, "तुम्हें यदि सरकार उपयुक्त स्थान नहीं देती तो तुम सत्याग्रह करो। मेरी आज्ञा से जाओ और केन्द्रीय सचिवालय पर बीट करो।"

कबूतरों को सहसा जैसे पंख लग गये। वे फड़फड़ाते हुए उड़ गये और क्षण-भर में आँखों से ओझल हो गये।

गाँधीजी को कुछ राहत हुई। उन्होंने आकाश की ओर देखा। सूर्य निकल आया था। चारों ओर धूप फैल गयी थी और आसपास के मैदानों में बच्चे गुल्ली-डंडा खेल रहे थे।

गाँधीजी ने सोचा, आज स्कूल में जरूर छुट्टी होगी, नहीं तो बच्चे पढ़ने गये होते, खेल नहीं रहे होते। उन्होंने सत्याग्रह करने के लिए स्कूल-कॉलेज छोड़ने को कहा था, गुल्ली-डंडा खेलने के लिए नहीं।

वे मुस्कराते हुए धूप सेंकने लगे।

तभी कबूतर उड़ते हुए फिर लौट आये और आकर उनके चारों ओर बैठ गये। "तुम लोग लौट आये?" गाँधीजी ने आश्चर्य से पूछा, "इतनी जल्दी।"

"गृह मन्त्रालय ने हमें बीट नहीं करने दी।" कबूतर उदास स्वर में बोले।

"क्यों?"

"उनका कहना है कि इस समय देश में विदेशी अतिथि आये हुए हैं, इसलिए सचिवालय पर केवल विदेशी कबूतरों को ही बीट करने की अनुमति दी जा सकती है।" कबूतर बड़ी मुश्किल से अपनी बीट रोक रहे थे।

"मैंने यह देश अपने देशवासियों के रहने के लिए स्वतन्त्र कराया था।" गाँधीजी बोले, "फिर भी सारी सुविधाएँ विदेशियों के लिए ही हैं!"

"हाँ।" कबूतर बोले, "एक बार विजयलक्ष्मी पंडित ने कहा था कि हिन्दी में लिखे हुए सड़कों के नाम मैं स्वयं नहीं पढ़ सकती, तो विदेशी लोग कैसे पढ़ेंगे, इसलिए सारे नाम अंग्रेजी में लिखे हुए होने चाहिए।"

"तो हिन्दुस्तान लोग वे नाम कैसे पढ़ेंगे?" गाँधीजी ने पूछा।

"उन्हें पढ़ने की जरूरत नहीं है।" कबूतरों ने बताया, "उन्हें या तो नाम जबानी याद होने चाहिए या उन्हें विदेशियों से प्रार्थना करनी चाहिए कि वे लोग उनके देश की सड़कों के नाम उन्हें पढ़कर बतायें।"

"हूँ।"

"हम बीट कहाँ करें?" सहसा एक कबूतर ने चीखकर पूछा।

"सचिवालय के गुम्बद पर तुम्हें बीट नहीं करने दी गयी तो तुमने सचिवालय के भीतर बीट क्यों नहीं की?" गाँधीजी नाराज हो गये।

"भीतर!" कबूतर खिलखिलाकर हँस पड़े, "सचिवालय के भीतर तो पहले ही से विदेशी कबूतर बीट कर रहे हैं। हमारी क्या हस्ती है वहाँ!"

"अच्छा!" गाँधीजी सोच में पड़ गये।

"हम बीट कहाँ करें? कहाँ करें?" कबूतर फिर चीखे।

"ठहरो। मुझे सोचने का अवसर दो।" गाँधीजी मधुर कंठ से बोले।

"ओह! यह मामला पैंडिंग में मत डालो।" कबूतर चीखे, "यह तुम्हारी पंचवर्षीय योजना नहीं है।"

"तो क्या करूँ?"

"अच्छा चलो, अगली योजना में हमें कोई स्थान दिला दो।" कबूतरों ने समझौता करने के लिए हाथ बढ़ाया।

"ठीक है।" गाँधीजी बोले, "मैं तो कहीं जा नहीं सकता। योजनामन्त्री को मेरे पास भेज दो।"

और कबूतर योजनामन्त्री को बुलाने के लिए उड़ चले।

बाढ़ का नियन्त्रण

मैंने बाढ़-नियन्त्रक के दफ्तर में टेलीफोन किया। उधर से किसी ने रिसीवर उठाकर कहा, "कहिये।"

"यमुना में बाढ़ आयी है।" मैंने कहा।

"मालूम है।" उस व्यक्ति ने उत्तर दिया, "हमने भी सवेरे समाचारपत्र में पढ़ा था।"

"यहाँ पानी से घिरे हुए पेड़ पर टँगे हुए दो आदमी चिल्ला रहे हैं।" मैंने कहा।

"इसमें चिल्लाने की क्या बात है, कोई एवरेस्ट पर तो चढ़े नहीं हैं। पेड़ पर ही तो चढ़े हैं।" वह बोला।

"वे बाढ़ में घिरे हुए हैं।" मैंने बताया, "और सहायता के लिए पुकार रहे हैं।"

"अच्छा! हम अभी प्रबन्ध करते हैं।" और उसने रिसीवर रख दिया।

थोड़ी ही देर में वहाँ पुलिस का फ्लाइंग स्क्वैड आ पहुँचा। उनकी गाड़ी रुकी और दो-तीन सिपाही और एक सब-इंस्पेक्टर फुर्ती से गाड़ी में से कूद पड़े।

"किसने टेलीफोन किया था?" सब-इंस्पेक्टर भीड़ की ओर देखकर चिल्लाया।

"मैंने किया था।" मैं आगे बढ़ आया, "जल्दी से उन आदमियों को पेड़ से उतारिये, नहीं तो वे लोग डूब जायेंगे। पानी बढ़ता जा रहा है।"

"जितना पूछा जाये, उतना जवाब दो। साले सब खुद को इंटैलिजेंट ही समझते हैं।" सब-इंस्पेक्टर ने मुझे डाँटा, "फोन तुमने किया था?"

"जी हाँ!"

"अपनी मर्जी से किया था या किसी और हरामजादे ने करवाया था?" उसने पूछा।

"अपनी इच्छा से किया था।"

"किसी के घर से किया था या पब्लिक बूथ से?"

"पब्लिक बूथ से।"

"ठीक है।" वह फिर बोला, "उन सालों को पेड़ पर चढ़े तुमने स्वयं देखा था कि किसी और उल्लू के पट्ठे ने बताया था?"

"मैंने स्वयं देखा था।" मैंने कहा।

"वे लोग पेड़ पर अपनी इच्छा से चढ़े थे या किसी ने चढ़ाया था?" उसने मुझे घूरा।

"मुझे पता नहीं।" मैंने कहा, "मैंने उन्हें चढ़ते हुए नहीं देखा। चढ़े हुए देखा है।"

"तुम्हारा अनुमान क्या है?" उसने मुझे और जोर से घूरा।

"मेरा अनुमान है कि बाढ़ के पानी से बचने के लिए स्वयं चढ़े होंगे।"

"चलो बे!" सहसा सब-इंस्पेक्टर सिपाहियों की ओर मुड़ा, "यह भी साला कोई पुलिस-केस है। अपनी मर्जी से पेड़ पर चढ़े हैं, जब जी चाहेगा उतर आयेंगे। कैसा जमाना आ गया है, पुलिस का काम सालों को पेड़ से उतारना ही रह गया है।"

मैंने बाढ़-नियन्त्रक के दफ्तर में फिर टेलीफोन किया और सूचित किया कि पुलिस पूछताछ करके जा चुकी है और वे दोनों आदमी बाढ़ में घिरे पेड़ पर लटक रहे हैं और पानी बढ़ता जा रहा है।

उधर से उत्तर मिला, "आप घबरायें नहीं। पुलिस पूछताछ करने गयी थी। अब, जबकि आरम्भिक पूछताछ हो चुकी है, हम फायर बिग्रेड को भेज रहे हैं। वे लोग आकर उन्हें पेड़ से उतारेंगे।"

मैं फिर भीड़ के साथ खड़ा प्रतीक्षा करने लगा।

थोड़ी देर में घंटी बजाते हुए फायर बिग्रेड दौड़ा आया।

"किसने फोन किया था?" फायर ब्रिग्रेड के कप्तान ने पूछा।

"मैंने!"

"क्या बात है?"

"दो आदमी उस पेड़ पर टँगे हैं।" मैंने बताया, "उन्हें उतारना है।"

"पेड़ पर ही तो टँगे हैं, कोई चाँद पर तो नहीं टँगे।" वह बोला, "उतर आयेंगे। तुम्हें जल्दी क्या है?"

"पानी बढ़ रहा है। "मैंने उसे समझाया, "उन्हें उतारा नहीं गया, तो वे पानी में डूब जायेंगे।"

"लगाओ बे सीढ़ी।" उसने अपने साथियों की ओर देखकर आज्ञा दी और

फिर बड़बड़ाया, "पता नहीं ये साले हिन्दुस्तानी ऐसी जगहों पर क्यों चढ़ जाते हैं, जहाँ से उतर नहीं सकते। उधर वे रूस-अमेरिकावाले चाँद से भी स्वयं ही उतर आते हैं।"

"वहाँ तक सीढ़ी नहीं पहुँच सकती।" मैंने उसे समझाया, "वह पेड़ सड़क पर नहीं है। यमुना की बाढ़ के पानी में घिरा हुआ है और आध मील पानी के भीतर है।"

"सीढ़ी नहीं पहुँच सकती।" वह फिर बड़बड़ाया, "अच्छा रस्सा फेंको।"

"आध मील लम्बी रस्सी हमारे पास नहीं है।" उसके एक साथी ने बताया। "छोटी है या बड़ी है?" उसने पूछा।

"छोटी है।" उत्तर मिला।

"फिर तो बात नहीं बनेगी।" उसने कहा, "अच्छा गोताखोर को कहो गोता मारे।"

गोताखोर, अपने कील-काँटे से लैस, आकर उसके पास खड़ा हो गया, "कहाँ गोता मारूँ साहब?"

"पेड़ के पास।" उसने कहा।

"वे लोग अभी डूबे नहीं हैं।" मैंने उसे बताया, "पेड़ पर चढ़े बैठे हैं। यह गोताखोरों का काम नहीं है।"

"देखो!" वह नाराज हो गया, "तुम हमारी हर बात में टाँग मत अड़ाओ। हमारे पास तीन ही चीजें हैं–सीढ़ी, रस्सी और गोताखोर। यदि उन दोनों को पेड़ से उतारना है तो या तो पेड़ तक सड़क बनवाओ या पानी को सूखने दो। जब हमारी गाड़ी पेड़ के पास पहुँच सकेगी, हम अपनी सीढ़ी से उन्हें उतार लेंगे। या फिर उनसे कहो कि वे लोग हमसे इतनी दूरी पर आ जायें, जितनी लम्बी हमारे पास रस्सी है। हम अपनी रस्सी फेंककर उन्हें बाहर खींच लेंगे या फिर उनको कहो कि वे लोग किनारे के पास कहीं डूब जायें, हमारा गोताखोर उनके शवों को निकाल लेगा।"

"इनमें से कुछ भी नहीं हो सकता।" मैं बोला।

"तो न हो," वह बोला, "हम जा रहे हैं। चलो बे। जहाँ पब्लिक सहयोग ही न दे, वहाँ हम क्या कर सकते हैं!"

और जैसे घंटी बजाते वे आये थे, वैसे ही लौट गये।

मैंने बाढ़-नियन्त्रक के दफ्तर में फिर टेलीफोन किया।

"फायर ब्रिग्रेडवाले भी लौट गये हैं।" मैंने कहा।

"फिर?" उसने पूछा।

"कोई मोटर-बोट भेजिये।" मैंने कहा।

"मोटर-बोट भी है हमारे पास।" उसने कहा, "पर छोटी मोटर-बोट इस तेज बहाव में नहीं चल सकेगी। बड़ी मोटर-बोट पुल के उस पार है, इस पार नहीं आ सकेगी। मीडियम साइज अभी खरीदी नहीं गयी। वैसे अगली बाढ़ से पहले हम खरीद लेंगे, आशा है। अगली बाढ़ तक यदि वे लोग वहीं टँगे रहे, तो मैं अवश्य मीडियम साइज मोटर-बोट भेजूँगा। आपको वचन देता हूँ।" वह थोड़ा रुककर बोला, "और एक बात और है। अब फिर टेलीफोन मत कीजियेगा। मेरी छुट्टी का समय हो गया है। अब यहाँ टेलीफोन उठानेवाला भी कोई नहीं होगा। वैसे वे पेड़ पर चढ़े बन्दर आपके रिश्तेदार तो नहीं हैं?"

"नहीं।" मैंने कहा।

"तो फिर जाकर सो रहिये।" उसने रिसीवर रख दिया।

रात को मैंने रेडियो पर समाचार सुने। आकाशवाणी से जोरदार घोषणाएँ हो रही थीं : "यमुना की बाढ़ को रोकने के लिए सरकार सामरिक धरातल पर प्रबन्ध कर रही है। अब तक की सूचनाओं के अनुसार बाढ़ में घिरे सारे पशुओं को सुरक्षित स्थानों पर पहुँचा दिया गया है।"

मैं, मेरी पत्नी और चमेली का फूल

मेरी चमेली की बेल में जब फूल आने लगे तो मैं भी कवियों और प्रेमियों के समान भावुक हो उठा। सुबह-सुबह झरा हुआ एक फूल उठाकर दो-चार बार सूँघा तो उसकी महक से मन ही नहीं आत्मा तक गमक उठी। उसे सूँघने-भर से तृप्ति नहीं हुई तो उस फूल का और अच्छा उपयोग ढूँढ़ने निकला। पर मन तो पहले से भावुक हो रहा था। ऐसे में उपयोगिता के नाम पर चमेली का इत्र या तेल बनाने की बात सूझने से रही। उपयोग के रूप में एक ही बात मन में आयी कि चमेली का यह निष्कलंक उज्ज्वल फूल अपनी पत्नी को भेंट करूँ तो कितनी प्रसन्न होगी! सोचेगी कि इस उम्र में भी मेरा पति किशोर प्रेमी की तरह मेरा ध्यान रखता है। जाने कहाँ से मेरी खोपड़ी में डेल कारनेगी आन घुसा। मुझे लगा कि उसने अवश्य कहीं कहा होगा कि अपनी पत्नी को प्रसन्न रखने के लिए सुबह-सुबह उसे एक-आध फूल भेंट करना चाहिए।...वैसे डेल कारनेगी को मैंने विशेष पढ़ा-बढ़ा नहीं है। बचपन में हमारे पड़ोस में एक नेगी साहब रहते थे, जो मुझे कभी नहीं भाये। इसीलिए मुझे डेल कारनेगी भी रास नहीं आया, पर मैं जानता हूँ कि वह मित्र बनाने के लिए ऐसे ही आडम्बरपूर्ण घटिया नुस्खे बताता रहता है।

मेरी मति भ्रष्ट हुई और डेल कारनेगी मेरी खोपड़ी पर चढ़ बैठा। मैं चमेली का वह फूल लिये-लिये अपनी पत्नी के पास पहुँचा। मैंने फूल उसकी ओर बढ़ाया तो उसने पकड़ तो लिया पर प्रश्नवाचक दृष्टि से मेरी ओर देखा, 'क्या करूँ?'

मैं समझ गया कि उसने डेल कारनेगी को नहीं पढ़ा है। इसलिए फूल चाहे उसके हाथ में पहुँच गया हो, पर मेरा प्यार उस तक नहीं पहुँचा।

कुछ तो कहना ही था। बोला, "सूँघकर देखो। कितनी अच्छी गन्ध है।"

"चमेली में अच्छी गन्ध होती है।" उसने दो-एक बार फूल सूँघा और उसे पास पड़े क्रोटन के पत्तों के बीच टिका दिया।

मेरी खोपड़ी से डेल कारनेगी उतर गया और वहाँ मद-मोह, काम-क्रोध जाने क्या-क्या सवार हो गया। मैंने कुछ कहा नहीं, पर डेल कारनेगी को पढ़े

बिना भी मेरी पत्नी अपनी सहज बुद्धि से समझ गयी कि मैं नाराज हो चुका हूँ।

बोली, "दो-तीन बार सूँघ लिया। अब इससे अधिक क्या करती मैं उसका?"

मैं कुछ नहीं बोला।

"तुम्हारे अन्दर यही एक बड़ा दोष है।" वह बोली, "अपने-आप से इतना प्यार करते हो कि जीवन का सारा सन्तुलन बिगड़ जाता है। व्यक्ति को इतना स्वकेन्द्रित तो नहीं होना चाहिए।"

मैं तत्काल समझ नहीं पाया कि मेरे उपहार का अपमान कर मेरे ही चरित्र को लांछित करने का अधिकार उसे कैसे मिल गया।

"इसमें स्वकेन्द्रित होने की बात कहाँ से आ गयी?"

"और नहीं तो क्या," वह लगभग रुआँसी हो गयी, "अपनी तो हर बात को इतना महत्त्व देते हो कि दूसरा तुम्हारे सामने एकदम छोटा हो जाता है।"

"क्या कर दिया मैंने?" अब मुझे अपना ही बचाव करना पड़ गया।

"ऐसे ही झड़ा हुआ चमेली का एक फूल दे दूँगी और कहूँगी, 'लो प्रियतम! इसको स्वीकार करो।' फिर देखूँगी कि तुम क्या करते हो।"

स्थिति मेरी समझ में आ गयी। कल उसने सचमुच ही एक फूल मुझे टिका दिया—जो वह सचमुच ही टिका देगी—तो क्या करूँगा उसका? तावीज में मढ़वाकर गले में पहने फिरने से तो रहा! और एक-आध भी लूँ तो क्या? यहाँ तो रोज फूल झड़ेंगे।

मुझे अपनी स्थिति साफ करनी पड़ी, "ऐसी बात नहीं है, प्रियतमे! तुम मुझे कुछ गलत समझ रही हो।"

"हाँ, गलत समझ रही हूँ।" वह मुँह बिचकाकर बोली, "कह दो तुम मुझसे नाराज नहीं हो।"

"नाराज तो नहीं हूँ।" मैंने महात्मा बुद्ध का मध्यम मार्ग खोज निकला, "हाँ! मेरा मन कुछ-कुछ बुझ अवश्य गया था।"

"क्यों बुझ गया था तुम्हारा मन!" उसने मुझे ललकारा, "इसीलिए तो कि मैंने तुम्हारा दिया हुआ चार पंखुड़ियों का यह फूल अपने जूड़े में नहीं लगाया ...?"

सहसा मेरी बुद्धि सुवासित हो उठी। मुझे उत्तर सूझ गया था।

"यह बात नहीं है।" मैं पूरे आत्मविश्वास के साथ बोला।

"तो क्या बात है?"

"तुम्हारे विषय में सोचकर ही दुखी हो गया था।"

"क्या सोचा मेरे विषय में?" उसने फिर पूछा।

"तुमने फूल को क्रोटन के पत्तों में टाँक दिया न!"

"हाँ-हाँ!" वह बोली।

"उससे तुमने अपना सारा भविष्य बिगाड़ लिया।"

वह हँस पड़ी, "किसी देवता का प्रसाद था कि माथे पर चढ़ा लेती?" वह रुकी और फिर बोली, "हाँ, वैसे भी तो देवता ही होता है।"

"नहीं, यह बात नहीं है।" मैं फिर बोला, "तुम यह सोचो कि फूल को क्रोटन में टाँककर क्या कर दिया।"

"क्या कर दिया?" वह कुछ उग्र हो उठी, "दो-चार बार सूँघ लिया। अब इससे ज्यादा मैं फूल का कर भी क्या सकती थी? जिन्दगी-भर उसे हाथ में लिये-लिये सूँघती तो रह नहीं सकती थी।"

"यही तो कमी रह गयी तुममें। तुम्हारा इतिहास का अज्ञान आड़े आ गया।" मैंने कहा, "जिन्दगी-भर फूल को हाथ में लिये-लिये यदा-कदा सूँघती रहती तो तुम बादशाह अकबर, जहाँगीर, शाहजहाँ या नूरजहाँ हो सकती थी।"

"और?" उसने पूछा।

"पर तुमने अपनी इच्छा से फूल क्रोटन में टाँक दिया।" मैंने कहा, "फूल क्रोटन में नहीं टाँका, देश की बादशाहत गँवा दी।"

"तो?" वह कुछ नाराज होने लगी थी।

"न सूँघती रहती, हाथ में पकड़े-पकड़े।" मैंने अपनी बात आगे चलायी, "आखिर तुम्हें बर्तन माँजने होते हैं, आटा माँड़ना होता है, सब्जी बनानी होती है। तुम अपना हाथ फूल में कैसे उलझाये रह सकती हो?"

"क्यों उलझाये नहीं रह सकती।" इस बार वह काफी विनीत हो चुकी थी, "तुम बर्तन-भांडे, चूल्हे-चौके से मुक्त कर दो—फिर देखो, दिन-भर बैठी फूल सूँघती रहूँगी।"

मैं चौंक गया। हमारी बातचीत खतरनाक क्षेत्र की ओर बढ़ रही थी। इसी दिशा में बढ़ते रहे तो वह अभी घर में नौकर रखने की पुरानी माँग, नये सिरे से रखकर सत्याग्रह करने बैठ जायेगी।

"उसे रहने दो।" मैं टाल गया, "शाहों का युग तो चला गया। अब प्रजातन्त्र का युग है। तुम उसे शेरवानी में टाँक लेती तो पंडित जवाहरलाल नेहरू या ज्ञानी जैलसिंह बन सकती थी।"

"शेरवानी पहनने की अनुमति है मुझे?" पत्नी ने डाँटा, "कुर्ते के साथ तो चूड़ीदार पहनने नहीं देते, शेरवानी के साथ पहनने लगूँगी तो मुझे घर से ही निकाल दोगे।"

मैं अटका, “चलो कोई बात नहीं। फूल को बालों में लगा लेती तो सलमा सुलतान ही बन जाती। न सही फिल्म स्टार, चलो टी.वी. स्टार ही सही।”

मैं डर रहा था कि वह मुझे फिर डाँट देगी कि जब वह मॉडलिंग करना चाह रही थी तो मैंने उसे रोक दिया। तब उसे अच्छा-भला मॉडलिंग का अवसर मिल रहा था और यदि मैंने उसे न रोका होता तो वह मॉडलिंग से सीधे बम्बई के किसी फिल्म-स्टूडियो में पहुँची होती... पर यह उत्तर मेरी पत्नी को नहीं सूझा। वैसे उसे बहुत अच्छे-अच्छे उत्तर सूझते हैं और मुझे हमेशा यह सूझता है कि दूसरा मुझे क्या कहेगा।...

मेरी पत्नी बोली, “एक बात भूल रहे हो कि वे सारे उदाहरण जो तुमने दिये हैं, गलत हैं। मैं चाहे तुम्हारे दिये फूल को हाथ में रखती, शेरवानी में लगाती या जूड़े में टाँकती—उनमें से कुछ भी नहीं बन सकती थी, जो तुम चाहते हो।”

“क्यों?” मैं नाराज हुआ, “दूसरे लोग फूल को हाथ में पकड़े-पकड़े सूँघते रहने से बादशाह बन सकते हैं, तो तुम क्यों नहीं बन सकती।”

“क्योंकि उसके लिए गुलाब का फूल चाहिए।” वह तमककर बोली, “और तुमने मुझे चमेली का फूल पकड़ाया था।”

मैंने सिर पर हाथ मारा कि हाय! मैंने चमेली के स्थान पर गुलाब की बेल क्यों नहीं लगायी।...पर तभी मुझे एक प्रचलित चुटकुला याद आ गया।

एक व्यक्ति बीस वर्ष यूरोप में रहकर भारत लौटा और गाँव देखने के शौक में टहलता हुआ नगर से बाहर चला गया। वहाँ खेतों में बैठा एक किसान खुरपी से घास-वास छील रहा था। तभी आकाश पर एक विमान प्रकट हुआ। किसान बड़ी देर तक ध्यान से उसे देखता रहा, फिर बोला, “बाबूजी! यह क्या है?”

उस व्यक्ति का मन विषाद और करुणा से उतना ही भर गया जितना वाल्मीकि का मन क्रौंच-वध देखकर भरा था। कितना पिछड़ा है हमारा देश! दुनियावाले बृहस्पति और शुक्र पर जा रहे हैं और हमारा भारतीय किसान विमान को भी नहीं जानता।

“यह विमान है।” उस व्यक्ति ने बड़े धैर्यपूर्वक बताया।

“वह तो मैं जानता हूँ।” किसान बोला, “मैं तो पूछ रहा हूँ कि यह मिग़ है या जोगुआर।”

इस बार सिर पर हाथ मारने की बारी उस व्यक्ति की थी।

मुझे लग रहा था कि मेरी पत्नी वही किसान है और मैं इतिहास ग्रन्थों में बीस वर्षों तक जी कर लौटा हुआ वह व्यक्ति!

सरकारों को छोड़ो यार...

"इन सरकारों को छोड़ो यार।" वे बोले, "कलाकारों को दोनों देशों में मैत्री बढ़ाने दो।"

"किन दोनों देशों में?" रामलुभाया ने पूछा।

"भारत और पाकिस्तान में।"

"मैत्री क्या पाकिस्तानी कलाकारों के भारत में आने से ही बढ़ेगी या भारतीय कलाकार भी पाकिस्तान जाएँगे?"

"क्यों नहीं। भारतीय कलाकार भी पाकिस्तन जाएँगे।" वे बड़े जोर से बोले। "उनको पाकिस्तान जाने का वीजा पाकिस्तान सरकार देगी या आपके पिता जी देंगे?" रामलुभाया ने पूछ ही लिया।

"निस्सन्देह पाकिस्तान सरकार देगी।" वे बुरा सा मुँह बना कर बोले।

"तो पहले उनसे पूछ लो।" रामलुभाया ने कहा, "पर तुम तो शायद सब कुछ सरकारों को परे हटा कर कलाकारों के हाथ में ही देने वाले हो। शायद कलाकार ही एक दूसरें को वीजा दे लेंगे।"

"देखो, तमाशा मत बनाओ।" वे बोले, "हम सरकारों को ही कह रहे हैं कि वे ऐसी नीति बनाएँ कि कलाकार दोनों देशों में आ-जा सकें।"

"आज तक तो ऐसी नीति बनी नहीं।" रामलुभाया ने कहा, "सारा काम एकतरफा ही रहा। पाकिस्तानी कलाकार आते रहे और यहाँ अपना गढ़ बनाते रहे। हमारे कलाकार तो कभी पाकिस्तान गये ही नहीं। गये तो लौटने में कोई समय ही नहीं लगा। हमारी फिल्मों तक पर तो प्रतिबन्ध लगा हुआ है। भारतीय गाने नहीं बजेंगे पाकिस्तान में। हमारी किस भाषा का साहित्य पढ़ा-पढ़ाया जाएगा वहाँ? केवल उर्दू का? वह भी यदि उन्होंने अनुमति दी तो। किनके लिए मार्ग बना रहे हैं आप दोनों देशों में?"

"कलाकारों के लिए।"

"रोजी रोटी कमाने के लिए या मैत्री कराने के लिए?" रामलुभाया ने पूछा।

‘‘मैत्री के लिए।’’

‘‘तो यहाँ से वे पैसा कमा कर नहीं ले जाएँगे या यहीं रहने लगेंगे और पैसा नहीं लेंगे?’’

“ऐसा भी कभी होता है?’’ वे तड़प कर बोले, “कलाकार को भूखा मारना चाहते हो?’’

“तो सीधे-सीधे कहो न कि उन्हें आजीविका कमाने के लिए भारत में रहने की अनुमति दी जाए।’’ रामलुभाया ने कहा।

“चलो, वही समझ लो।” वे बोले, “उसमें बुराई ही क्या है।”

“तो कलाकारों में ही क्या सुर्खाब के पर लगे हैं।’’ रामलुभाया बोला, ‘‘डाक्टर और इंजीनियर क्यों नहीं? मजदूर और कारीगर क्यों नहीं?’’

“चलो। उनको भी आने दो।’’ वे बोले।

“तो सारे पाकिस्तान को बुला लो और स्वयं हिन्द महासागर में डूब मरो।’’ रामलुभाया बोला, ‘‘तुमको इतनी सी बात समझ में नहीं आती कि दूसरे देश से आकर कोई आजीविका कमाता है, तो तुम्हारे देश के एक व्यक्ति की आजीविका छीनता है?’’

“यार, मैं तो मैत्री की बात कर रहा था।’’ वे फिर बोले, “कलाकार हृदयों को जोड़ता है।’’

“यदि यह सत्य है तो पाकिस्तानी कलाकार अपने देश के लोगों के मन में भारत के लिए मैत्री का भाव क्यों उत्पन्न नहीं करते? उसके लिए उनका भारत में आना क्यों आवश्यक है? भारत के लोगों में तो वैसे ही मैत्री का भाव आवश्यकता से कुछ अधिक ही है।’’

“पाकिस्तान की सरकार उन्हें प्रेम का भाव उत्पन्न करने नहीं देती।’’

“सरकार को छोड़ो यार,’’ रामलुभाया ने कहा, “कलाकारों को कहो, पाकिस्तान के लोगों को प्रेम करना सिखाएँ। अपने समाज का विष दूर करें। एक शत्रु देश के प्रतिनिधि बन कर यहाँ आने की बात न करें।’’

डंडा किसका है?

(1)

"होटल चारमीनार यही है भाई?" रामलुभाया ने पूछा।

क्लर्क ने उसे घूरकर देखा, चारमीनार सिगरेट का ब्रांड है, होटल नहीं है। वैसे तो हो सकता है कि हम कभी उसका होटल ही बना डालें। अभी तक तो किसी ने बनाया नहीं है। जहाँ तुम खड़े हो, यह होटल चार चिनार है।

"श्रीनगर का आलीशान होटल चार चिनार।"

"ओह मेरी जीभ जरा लड़खड़ा गयी थी।" रामलुभाया ने स्वीकार किया।

क्लर्क भी मुस्कराया, "हमारे सामने बड़े-बड़े की टाँगें लड़खड़ा जाती हैं। तुम्हारी तो जबान ही लड़खड़ायी है।"

रामलुभाया हँस पड़ा, "अच्छी बातें कर लेते हो। हाँ। होटल चार चिनार होगा, तो हैदराबाद में होगा, कैसी राष्ट्रीय एकता है। उत्तर में होटल चारमीनार और दक्षिण में होटल चार चिनार।" खैर, मैं तो होटल चार चिनार ही खोज रहा था। तो यही है? धरती के स्वर्ग कश्मीर की राजधानी श्रीनगर का चार चिनार होटल।

क्लर्क कुछ स्वगत कथन की मुद्रा में था। बोला, "हाँ यहीं धरती का स्वर्ग है, क्योंकि यहाँ के सारे सौन्दर्य को तो स्वर्ग भेज दिया है। वैसे भी यहाँ पर लोग कम हैं, ज्यादा तो स्वर्ग में ही पहुँच गये हैं।"

"क्या?" रामलुभाया कुछ समझ नहीं पाया।

"कुछ खास नहीं।" क्लर्क बोला, "मैं कह रहा था कि होटल चार चिनार है तो यही, पर तुम तो ऐसे खोज रहे हो, जैसे चार चिनार तुम्हारा बच्चा हो, जो खो गया हो। वैसे तो मुझे तुम भी कोई खोयी हुई गाय के समान लग रहे हो।"

बैरा भी चुप नहीं रहा, "नहीं! यह खोयी हुई गाय नहीं है। नहीं तो सरकार

ने इसे अब तक अलकबीर के हाथों बेच दिया होता।"

"क्या?" रामलुभाया हकलाया।

"कुछ नहीं।" क्लर्क बोला, "तुम सवाल बहुत करते हो। तुम बताओ कि तुम क्यों खोज रहे थे होटल चार चिनार?"

रामलुभाया को लग रहा था क्लर्क और बैरा दोनों ही उससे अशिष्ट ढंग से बात कर रहे थे, पर उसने उलझना ठीक नहीं समझा। पूछा, "कोई कमरा खाली है?"

"सब खाली ही है।" क्लर्क ने कहा, "अब यहाँ आता ही कौन है। तुम न जाने कहाँ से आ गये खबीस।"

"मैं खबीस नहीं रामलुभाया हूँ।" रामलुभाया ने अपना परिचय दिया। क्लर्क इस बार कुछ प्यार से बोला, "उसकी तो तुम फिक्र ही मत करो। कहने को कोई कुछ भी कहे, क्या फर्क पड़ता है। सब कुछ-न-कुछ कहते ही रहते हैं, बस एक नरसिंह राव ही कुछ नहीं कहते। तुम यह बताओ कि तुम क्या कहते हो? क्या चाहिए तुम्हें?"

रामलुभाया ने भी धीरे से कहा, "ठहरने के लिए एक कमरा चाहिए।"

"कमरा ठहरने के लिए ही होता है। पोटली में बाँधकर घर ले जाने के लिए तो होता नहीं। क्लर्क ने रजिस्टर खोल लिया, "कहाँ से आये हो?"

रामलुभाया को उसके संवाद की शैली अच्छी नहीं लग रही थी, "क्यों पूछ रहे हो?"

बैरे ने पुनः हस्तक्षेप किया, "यह तो रजिस्टर में लिखने के लिए ही पूछ रहा है। अगवा करने और गोली मारने के लिए पूछनेवाले दूसरे लोग हैं।"

रामलुभाया ने उसकी ओर देखा, "मैं समझा नहीं।"

उत्तर क्लर्क ने दिया, "अभी समझा देता हूँ।"

क्लर्क ने कोई संकेत किया और पीछे खड़े लोगों में से दो बढ़ आये। अब तक उन्होंने अपना मुँह-सिर लपेट लिया था।

"कहाँ से आया है बे तू बता", पहले ने पूछा। रामलुभाया कुछ भयभीत हो गया। "क्यों, क्यों पूछ रहे हो तुम?" दूसरा बोला, "हम कोई भी हों। कहाँ से आया है। टाई तो ऐसे बाँधी है, जैसे अंग्रेज का बाप हो। पर बड़ा सड़ा देश है यह इंग्लैंड भी। एक अंग्रेज को अगवा किया था। सालों ने एक पैसा भी नहीं दिया, उसे छुड़ाने के लिए। अपनी जेब से उसे खिलाना पड़ा, वह अलग।"

रामलुभाया ने टाई खोलकर जेब में डाल ली, "मैं अंग्रेज नहीं हूँ। हाँ,

अंग्रेज बनने की कोशिश अवश्य कर रहा था।"

पहला व्यक्ति हँसा, "क्यों कर रहा था कोशिश। जो है वही क्यों बना नहीं रहता?"

रामलुभाया को कोई उत्तर नहीं सूझा, "मालूम नहीं। सारा देश कर रहा है। इसलिए मैं भी कर रहा था।"

दूसरा व्यक्ति घृणा से बोला, "नकलची साले। अपने अच्छी-भली माँ को छोड़कर एक चालू औरत को माँ बनाने पर तुले हुए हैं।"

रामलुभाया अब और सहन नहीं कर सका। बोला, "जुबान सँभालकर। गाली मत दो, नहीं तो..."

पहला व्यक्ति कुछ और आगे बढ़ आया, "देंगे तो क्या कर लेगा? क्या पिद्दी और क्या पिद्दी का शोरबा। तुझे तो अगवा करने का भी कोई फायदा नहीं। कोई एक धेला नहीं देगा तेरा। और खाता होगा तू थालीभर। तुझसे छुटकारा पाने के लिए अपनी एक गोली भी बरबाद करनी पड़ेगी।"

रामलुभाया मुड़कर क्लर्क के पास चला आया, "ये लोग डराने का प्रयत्न कर रहे हैं, ये लोग। देख लूँगा मैं इन सबको। पहले अपने ठहरने की व्यवस्था कर लूँ। कमरा न मिला तो कठिनाई होगी। कहते हैं, श्रीनगर में रात को बहुत ठंड होती है। आप सड़क पर सो भी नहीं सकते।...दे भाई, मुझे एक कमरा दे।"

क्लर्क ने उसे ध्यान से देखा, "अब भी तुम्हें कमरा चाहिए? ठहरोगे श्रीगनर में?"

रामलुभाया ने आत्मबल बटोरा और कहा, "ठहरूँगा क्यों नहीं? मैं किसी से डरता हूँ क्या? इन दो टुच्चों को धमकाने से यहाँ से चला जाऊँगा? मैं अपने देश में कहीं भी आने-जाने और ठहरने का संवैधानिक अधिकार नहीं छोड़ सकता।"

क्लर्क ने बैरे को संकेत किया, "कमरा नम्बर शून्य-शून्य-शून्य।"

बैरा, रामलुभाया का सामान उठाकर भीतर ले गया।

रामलुभाया सन्तुष्ट नहीं था, "यह कमरे का नम्बर कैसा है।"

"कम्प्यूटर में तो ऐसा ही नम्बर होता है।"

क्लर्क बोला, "उस कमरे में ठहरकर, तुम शून्य नहीं हो जाओगे, क्योंकि तुम तो किसी से डरते ही नहीं। पर सारे पंडित तो डरकर चले गये। एक तुम ही नहीं डरते। क्यों?"

रामलुभाया बोला, "मैं डरपोक नहीं हूँ। मैं नहीं डरता किसी से।"

क्लर्क मुस्कराया, "क्यों नहीं डरते तुम किसी से—तुम अमरीका की धौंस हो? पाकिस्तान की निर्लज्जता हो? या भारत का भ्रष्टाचार हो?"

क्लर्क बोला, "अच्छा है, मत डरो। इस होटल में हम डराने के पैसे नहीं लेते। अब बताओ कि कहाँ से आये हो?"

इस बार रामलुभाया ने सीधे-सीधे बता दिया, "दिल्ली से आया हूँ।"

क्लर्क फिर मुस्कराया, "मुझे पहले ही समझ जाना चाहिए था, भारत से आये हो। वहाँ के ही लोगों को बीमारी है, गलतफहमियों में जीने की।"

रामलुभाया ने फिर कुछ साहस किया, "भारत से आया हूँ। तुम तो ऐसे कह रहे हो, जैसे किसी दूसरे देश से आया हूँ जैसे यह भारत न हो।"

क्लर्क ने बहुत आश्वस्त स्वर में कहा, "हाँ! यह भारत नहीं है।"

रामलुभाया ने उपहास के स्वर में कहा, "क्या है यह? अमरीका है? यूरोप है? पाकिस्तान है? मैं भूल से कहीं और आ गया हूँ क्या?"

"नहीं। यह यूरोप-अमरीका नहीं है। पाकिस्तान भी नहीं है। यह कश्मीर है।" क्लर्क ने कहा, "अब यह तुम जानो कि भूल से आये हो या जानबूझकर मरने के लिए आ गये हो। प्रधानमन्त्री तक तो तुम्हारे आते नहीं अपनी जान के डर से, इस देश में।..."

रामलुभाया कुछ-कुछ क्रुद्ध हो चला था, "कश्मीर भारत में नहीं है?"

"नहीं। कश्मीर है। वह भारत में कैसे हो सकता है? एक आजाद मुल्क दूसरे मुल्क का हिस्सा कैसे हो सकता है?" क्लर्क ने कुछ ऐसे कहा, जैसे छोटी कक्षा के बच्चों को भूगोल पढ़ा रहा हो।

रामलुभाया ने जिरह की, "कश्मीर भारत से पृथक् क्यों है? वह आजाद मुल्क कैसे है?"

क्लर्क के पास उसके प्रत्येक प्रश्न का उत्तर था, "क्योंकि पाकिस्तान ऐसा कहता है। अमरीका ऐसा चाहता है। और भारत के शासकों में इसे अपना मुल्क बनाने की न हिम्मत है, न उनकी ऐसी नियत है।"

रामलुभाया ने उसे चेताया, "यहाँ बैठकर खुलेआम ऐसी बातें करते हुए तुम्हें डर नहीं लगता? देशद्रोही कहीं के।"

"किस बात का डर?" क्लर्क ने पूछा।

"सरकारी होटल में नौकरी कर रहे हो। तुम्हारी नौकरी जा सकती है। तुम्हें कैद हो सकती है।"

"कौन करेगा कैद मुझे? कौन छीनेगा मेरी नौकरी?" क्लर्क ने पूछा।

"सरकार।"

क्लर्क विद्रूप से हँसा, "तुम्हें कहीं दिखायी देती है? मुझे तो कहीं दिखायी नहीं देती। सरकार है कहाँ?"

"भारत सरकार।"

क्लर्क पुनः हँसा, "भारत की सरकार तो भारत में ही कुछ नहीं कर सकती। देखती है और मौन होकर बैठ जाती है, मौनी बाबा की सरकार। यहाँ तो उसको हक ही क्या है कि वह मेरी नौकरी छीने?"

"सरकार को हक नहीं है?"

क्लर्क बोला, "हाँ! हाँ!! शासन को हक है, पर यहाँ भारत सरकार का शासन नहीं है।"

"भारत सरकार यहाँ अपना करोड़ों रुपया खर्च कर रही है। वह यूँ ही? तुम्हें वेतन कौन देता है?" रामलुभाया ने पूछा।

"वह तो टैक्स है, जो हम भारत से वसूल कर रहे हैं, यहाँ तनख्वाह वगैरह कोई नहीं लेता।" क्लर्क बोला।

रामलुभाया कठोर स्वर में बोला, "यहाँ भारत की पुलिस नहीं है? संविधान नहीं है? सेना नहीं है?"

"सब खड़े रहते हैं। अपने होने का पाखंड करते रहते हैं। उनको अधिकार तो नहीं है।" क्लर्क बोला, "सेना के हाथ तो दिल्ली ने ही बाँध रखे हैं।"

"तो फिर अपनी आँखें खोल। देख, वह झंडा किसका है।" रामलुभाया ने जोश में कहा।

क्लर्क ने झुककर अपने काउंटर के नीचे से बन्दूक निकाल ली, "झंडा किसी का भी हो। तुम अपनी आँखें खोलकर देखो कि डंडा किसका है।"

बन्दूक देखकर रामलुभाया डर गया। पलटकर ऐसा भागा कि दिल्ली से पहले नहीं रुका।

(2)

रामलुभाया भागता-भागता भोलाराम से टकरा गया।

भोलाराम ने क्रुद्ध स्वर में पूछा, "अन्धे हो?"

"नहीं। घबराया हुआ हूँ।" रामलुभाया ने कहा।

भोलाराम कुछ नर्म पड़ा, "क्यों भाई, घबराये हुए क्यों हो? कुछ खो गया है?"

रामलुभाया रुआँसा हो गया, "मेरा तो सब कुछ खो गया।"

"स्टेशन पर सारा सामान खो गया?" भोलाराम ने अनुमान लगाया।

रामलुभाया लगभग रो पड़ा, "मेरे तो सपने ही खो गये। विश्वास खो गया।"

भोलाराम को कुछ आश्चर्य हुआ। पूछा, "क्यों? प्रेमिका भाग गयी क्या?"

"नहीं। मेरा देश खो गया है।"

भोलाराम खुलकर हँस पड़ा, "भले आदमी खोता देश नहीं, खोता तो व्यक्ति है और तुम खाये नहीं हो।"

रामलुभाया अपनी बात पर टिका रहा, "नहीं। मेरा तो देश ही खो गया है।" सहसा उसने किसी विक्षिप्त के समान पूछा, "यह कौन सा स्थान है? मैं हूँ कहाँ?"

"तुम दिल्ली में हो भाई!" रामलुभाया ने बताया।

रामलुभाया ने अपना स्वर दबाकर धीरे से पूछा, "दिल्ली अभी भारत में ही है न? स्वतन्त्र तो नहीं हो गयी? पृथक् देश तो नहीं बन गयी?"

भोलाराम हँसा, "तुम पागल तो नहीं हो गये हो? दिल्ली भारत का दिल है। यह भारत की राजधानी है।"

रामलुभाया हँस नहीं पाया। आहत स्वर में बोला, "कश्मीर भी तो भारत का मस्तक है। मस्तक कट रहा है और किसी को कोई कष्ट नहीं हुआ तो हृदय का ही क्या है। नकली हृदय लगा लेंगे लोग प्लास्टिक का। अमरीकावाले बना-बनाकर देते जायेंगे; और यहाँवाले लगाते जायेंगे। दिल अमरीकी हो जायेगा तो भारत की पीड़ा किसको होगी।"

"तुम सचमुच बहुत घबराये हुए हो।" भोलाराम ने कहा, "चिन्ता मत करो, यहाँ सब कुछ ठीक-ठाक है और आजकल हम लोग इस देश को महात्मा गाँधी के सपनों का देश बनाने पर लगे हुए हैं।"

रामलुभाया की उत्सुकता जागी। पूछा, "वह कैसे?"

भोलाराम ने विस्तारपूर्वक बताया, "अब हमारी अपनी सरकार है। भारतीय लोगों की अपनी सरकार, जो केवल विदेशियों के हित में चलायी जा रही है। सरकार का नीति वाक्य है, सत्यमेव जयते। यहाँ सदा सत्य की विजय होती

है। झूठ तो बस चुनाव में ही चलता है; और देश को तो चुनाव ही चलाता है। अब क्या करें, चुनाव तो जीतना ही पड़ता है, नहीं तो लोग हमसे हमारा राज छीन लेंगे। अपने देश में अब कहीं झूठ नहीं है। बस झूठे-ही-झूठे हैं। और वे भी देश में कहाँ हैं, जो थोड़े-बहुत हैं सरकार में ही हैं। हमने झूठ और सत्य को पृथक् करने के लिए समाज और सरकार में विभाजित कर दिया है। सच-सच समाज में, झूठ-झूठ सरकार में।"

रामलुभाया कुछ-कुछ आश्वस्त हुआ, "वर्गीकरण तो आपका बहुत अच्छा है।"

भोलाराम ने अपनी बाध्यता जतायी, "सबका ध्यान रखना पड़ता है भाई। इसी को समन्वय की नीति कहते हैं। अनेता में एकता। इतना भी ध्यान न रखें तो कल ही एक आन्दोलन उठ खड़ा होगा कि झूठों के लिए एक अलग देश बना दो। हम देश का बँटवारा तो नहीं कर सकते न। देश की अखंडता की रक्षा के लिए हमने झूठों, बेईमानों, चारों, जमाखोरों, तस्करों और डाकुओं को भी थोड़ा-थोड़ा एकोमोडेट कर लिया है।"

रामलुभाया समझ नहीं पाया कि उसे भोलाराम का समर्थन करना चाहिए अथवा विरोध। बोला, "कमाल है, तुम्हारे लिए झूठे और सच्चे सब बराबर हैं? देशभक्तों और देशद्रोहियों में कोई अन्तर ही नहीं है।"

भोलाराम ने उसे अपनी सैद्धान्तिकता में घेरना चाहा, "नहीं! हम मनुष्य की मूलभूत समानता में विश्वास करते हैं। संविधान में सबको समान अधिकार दिया गया है। कोई किसी का शोषण नहीं करता। बस, सब मिलकर देश का ही सत्यानाश कर रहे हैं।" अन्त में उसने हँसकर अपना निष्कर्ष दिया, "देशभक्तों के हाथ में सत्ता हो तो देश और देश के लोगों का कोई अहित हो ही कैसे सकता है। देखो, सरकार जनहित में अरबों रुपया खर्च कर रही है। मन्त्रियों को, सांसदों को, अफसरों को, ठेकेदारों को...सबको मालामाल कर दिया है। संसार के किसी देश के मन्त्री, सांसद और चोर इतने धनी नहीं हैं, जितने कि भारत के।..."

रामलुभाया ने उसे मुग्ध भाव से देखा, "तुम कौन हो भाई। तुमने तो मेरे जलते हृदय को ऐसा शीतल कर दिया है कि मन होता है, तुम्हारे चरण छू लूँ।"

भोलाराम अपनी महानता सुनकर कुछ विनीत हो गया, "मैं भोलाराम हूँ। मद्य-निषेध निदेशालय में सहायक निदेशक हूँ। मेरा काम गाँधीजी का बहुत

प्रिय कार्य करना है। हम लोग सरकारी पैसे से नशा विरोधी प्रचार-प्रसार करते हैं।"

रामलुभाया के लिए यह नयी बात थी।

पूछा, "वह कैसे?"

"देखो, कितने बड़े-बड़े पोस्टर छपवाये हैं।"

उसने अपने सहायक की सहायता से पोस्टर खोला। पोस्टरों का महात्मा गाँधी के चित्र और उनकी नशा विरोधी उक्तियाँ थीं।

"पर भोलारामजी..."

भोलाराम कुछ रुष्ट हो गया, "मैं मिस्टर भोलाराम हूँ। भोलारामजी नहीं।" रामलुभाया उसके रोष का कारण समझ नहीं पाया। बोला, "कृपया बतायें, दोनों में अन्तर क्या है?"

भोलाराम स्पष्टीकरण के लिए तैयार नहीं हुआ, "अन्तर कुछ हो या न हो, मुझे तो तुम मिस्टर भोलाराम ही कहो।"

रामलुभाया ने उसका अनुरोध स्वीकार कर लिया।

(3)

"अच्छा मिस्टर भोलाराम! आप बतायेंगे कि आपकी सरकार ने मद्य निषेध निदेशालय ही क्यों बनाया। निषेधालय बना दिया होता, तो मदिरा का उत्पादन तथा आयात दोनों ही बन्द हो जाते।"

भोलाराम पुनः सहज हो गया, "करने को तो वह भी किया जा सकता था; किन्तु उसमें हिंसा का भय था, हमारी सरकार हिंसा विरोधिनी है।"

रामलुभाया ने अत्यन्त निर्दोष भाव से पूछा, "इसीलिए डाकुओं को सांसद और मन्त्री बना दिया है?"

भोलाराम ने सरकार की असहायता जतायी, "जी! उनकी बात न मानें तो वे हिंसा करने लगते हैं। हमें तो सबसे ही सहानुभूति है। देखिये, हमारा तो फूलनदेवी से भी बहुत सौहार्दपूर्ण व्यवहार रहा है।"

"देखिये, सबको अपना-अपना नशा है। किसी को डकैती का नशा है, किसी को हत्याओं का। हमारी सरकार सबका पुनर्वास कर रही है। इसलिए नशा विरोधी निदेशालय बनाया है। अब इस देश में बहुत शीघ्र सम्पूर्ण नशाबन्दी हो जायेगी। आप चिन्ता न करें।" वह रुका, "अच्छा मैं, अब चलूँ, कुछ स्थानों

पर बैनर लगवाने हैं। कुछ पोस्टर लगवाने हैं। ऐसा न हो कि पोस्टर न लगें और लोग शराब पीते रहें। हम लोग नशाबन्दी सप्ताह मना रहे हैं।"

रामलुभाया को पुनः आश्चर्य हुआ, "बस एक सप्ताह की नशाबन्दी?"

भोलाराम ने पुष्टि की, "हाँ! इस सप्ताह महात्मा गाँधी का जन्मदिन पड़ रहा है न।"

रामलुभाया स्तब्ध रह गया, "इस सप्ताह? पर यह तो जनवरी का महीना है।..."

भोलाराम निर्विकार रहकर बोला, "हाँ! अक्तूबर में मन्त्री जी को सप्ताह उद्घाटन के लिए समय नहीं मिला था। घूमने के लिए विदेश चले गये थे। सोचा, गाँधीजी का जन्मदिन तो हर साल आता रहेगा, पर विदेश भ्रमण का अवसर फिर मिले न मिले। जाने कब मन्त्रालय छिन जाये..."

भोलाराम तथा उसका सहायक एक बड़ा-सा बैनर खोलकर उसे लहराते हुए चले गये। रामलुभाया भी चल पड़ा।

सामने लोगों की एक लम्बी पंक्ति है। मारधाड़ मची हुई है।

"क्या बात है, इतनी भीड़ क्यों है भाई?" रामलुभाया ने पंक्ति के अन्तिम छोर पर खड़े व्यक्ति से पूछा।

"कल 26 जनवरी है न! कल छुट्टी होगी।" उस व्यक्ति ने बताया।

"यहाँ क्या राष्ट्रीय झंडा बिक रहा है, जिसे लोग कल अपने घरों पर फहरायेंगे?"

उस व्यक्ति ने कुछ रुष्ट दृष्टि से रामलुभाया को देखा, "यह अंग्रेजी शराब की दुकान है। कल जिसको शराब चाहिए होगी, वह कहाँ से लायेगा। सरकार कुछ सोचती तो है नहीं। बस 26 जनवरी मनाने लगती है।"

रामलुभाया कुछ चकित हुआ, "यहाँ क्या अंग्रेज शराब बेच रहे हैं?"

वह व्यक्ति हँसा, "अरे नहीं! अंग्रेजी को यह देश छोड़े तो 50 साल होने को आये। अब तो ये सारे काम हम स्वयं ही कर लेते हैं। भारत अब बहुत सारे मामलों में स्वावलम्बी हो चुका है न! यह तो सरकारी ठेका है। देशी सरकार, अंग्रेजी शराब का ठेका।"

रामलुभाया के सिर पर जैसे वज्र गिरा, "क्या सरकार शराब बेचती है?"

वह व्यक्ति हँसा, "सरकार तो विष भी बेचती है।"

रामलुभाया ने अनुमान भिड़ाया, "डॉक्टरों को देती होगी, रोगियों के उपचार के लिए।"

"नहीं। जनता को देती है, ताकि जनता में कुछ गतिविधि बनी रहे।..." उस व्यक्ति ने बताया।

रामलुभाया का मन नहीं माना तो उसने पूछा, "कौन-सा विष बेचती है सरकार?"

"तरह-तरह के विष बेचती है...स्वार्थ का विष, विभाजन का विष, आत्मविश्वास का विष, आत्महीनता का विष। और विष क्या, अब तो वह स्वयं जनता को बेचने की तैयारी में है।"

रामलुभाया को विश्वास नहीं हुआ, "कैसी नासमझी की बातें कर रहे हो। जो सरकार मद्य निषेध के लिए करोड़ों रुपये खर्च कर रही है, लोगों का पुनर्वास कर रही है, वह जनता को विष कैसे देगी।"

पर वह व्यक्ति अपनी बात पर अड़ा रहा, "आओ और स्वयं देख लो। जेब में पैसे हों तो खरीदकर एक बोतल पी भी लेना।"

रामलुभाया नाराज हो गया, "मेरे साथ ऐसी गन्दी बातें मत करो; और न हमारी राष्ट्रीय सरकार के विषय में बातें करो। वे लोग न तो गाँधीजी के सिद्धान्तों के विरुद्ध जा सकते हैं, न अपने देशवासियों से ऐसी शत्रुता निभा सकते हैं।"

रामलुभाया लोगों के बीच में से घूम-घामकर दुकान के स्वामी के पास जा पहुँचा। वहाँ मद्य विक्रेता के साथ तीन व्यक्ति और बैठे थे। एक राजनीतिक नेता था, दूसरा पुलिस अधिकारी और तीसरा शहर का सबसे बड़ा गुंडा था।

रामलुभाया ने आव देखा न ताव। जाते ही बरस पड़े, "तुम यहाँ शराब बेचकर अपने ही देश के लोगों के शरीर और आत्मा का नाश कर रहे हो। कैसे भारतीय हो तुम!"

मद्य विक्रेता डरा नहीं। बोला, "कौन है बे तू। आ गया कहाँ से। शहर के सबसे बड़े वाईन मर्चेंट से झगड़ा करने। तुझे पीनी है तो बात कर। नहीं पीनी तो जाकर महात्मा गाँधी का जन्मदिन मना। यहाँ साला एक्साइज इंस्पेक्टर से लेकर मिनिस्टर तक तो मुँह खोलता नहीं; और यह आ गया कहीं का खुदाई फौजदार। क्यों नेताजी।"

नेताजी आश्वस्त थे, "विरोधी दल का होगा। साले को इतना भी ध्यान नहीं कि 25 जनवरी को तो पी लेने दे।"

रामलुभाया अब भी क्रोध में था, "तुम यह नहीं कर सकते। गाँधीजी के देश में तुम शराब नहीं बेच सकते।"

मद्य विक्रेता भी कुछ कम नहीं था, "हमने देश बेच दिया; आत्मा और ईमान बेच दिये शराब नहीं बेच सकते? कौन रोकेगा मुझे?"

रामलुभाया बारी-बारी नेता, पुलिस, अधिकारी और गुंडे की ओर देखता है।

"क्यों बॉस झटक दूँ?" गुंडे ने पूछा।

पुलिस अधिकारी ने शान्त मन से कहा, "क्या आवश्यकता है। बन्द कर देते हैं साले को दंगा करने के जुर्म में। जेब में स्मैक की पुड़िया डाल देंगे। गया साला कई साल को।"

नेताजी अधिक दयालु थे, "क्यों इतना जुल्म करते हो? पागलखाने में भेज देते हैं आराम से रहेगा। बोलने की भी पूरी स्वतन्त्रता का उपयोग कर सकेगा।"

रामलुभाया स्तब्ध खड़ा उनकी बातें सुन रहा था कि मद्य विक्रेता ने उसको घूरा, "क्यों? बोलता क्यों नहीं, कौन रोकेगा मुझे?"

रामलुभाया का आत्मबल जागा, "महात्मा गाँधी रोकेंगे। सरकार रोकेगी। तुम्हें दिखायी नहीं पड़ता सारे देश का महात्मा गाँधी की पार्टी का झंडा फहरा रहा है।"

मद्य विक्रेता मुस्कराया, "झंडा तो महात्मा गाँधी का ही है, पर उसका हमको करना ही क्या है। तुम जरा आँखें खोलकर देखो कि डंडा किसका है।"

उसने मेज की दराज खोलकर नोटों की गाड़ियाँ निकालीं और नेता, पुलिस अधिकारी तथा गुंडे की ओर इस प्रकार उछाल दीं, जैसे कोई कुत्ते की ओर रोटी का टुकड़ा उछालता है। उन तीनों ने नोटों की गड्डियाँ लपक लीं और कुत्ते के समान पूँछ हिला-हिलाकर मद्य विक्रेता की ओर देखने लगे।

(4)

रामलुभाया ने स्वयं देखा था कि चार कहार डोली उठाकर भोलाराम के घर लाये थे। कपाट खुले थे और डोली के भीतर जाने के लिए मार्ग बन गया था। कहार डोली उठाकर भीतर ले गये थे। डोली के भीतर जाते ही कपाट बन्द हो गये थे और दीवार के पीछे से एक नारी कंठ का भयंकर रुदन स्वर फूटा था। रामलुभाया स्वयं को और अधिक रोक नहीं पाया।

भोलाराम की पत्नी बुक्का फाड़कर रो रही है। उसके पास और कोई नहीं

है। रामलुभाया ने उसके निकट पहुँचकर धीरे से पुकारा। उसे कोई उत्तर नहीं मिला। वह उसी प्रकार रोती रही। अन्ततः रामलुभाया ने उसका कन्धा पकड़कर झकझोरा, “भाभी, क्या हुआ है तुम्हें?”

“वे मेरी सौत लाये हैं। उन्होंने दूसरा विवाह कर लिया है।”

रामलुभाया के मुख से फूटा, “नहीं। ऐसा सम्भव नहीं है।”

“सम्भव होने में अब कौन-सी कसर रह गयी है लाला। जाओ। अन्दर जाकर देखो। बैठी तो है टाँगे पसारकर।”

तभी भीतर से भोलाराम निकल आया।

“क्या बकवास लगा रखी है?”

रामलुभाया धीरे से बोला, “भाभी, क्या कह रही है?”

भोलाराम निश्चित भाव से बोला, “अपने भाग्य को कोस रही है जनमजली, और क्या कह रही है।”

“तुमने दूसरा विवाह कर लिया है?” रामलुभाया को अब भी विश्वास नहीं हो रहा था।

“हाँ! कर लिया है तो?” भोलाराम बोला।

“भोलाराम!”

“अरे तो इसमें आश्चर्य की क्या बात है? दुनिया में आज तक और किसी ने दूसरा विवाह नहीं किया क्या?” भोलाराम कुछ आक्रामक मुद्रा में बोला।

“समाज इसे स्वीकार नहीं करेगा।”

रामलुभाया ने धमकाया।

“तो समाज से स्वीकृति माँग ही कौन रहा है?” भोलाराम बोला।

रामलुभाया चुप नहीं हुआ, “मैं उनकी बात नहीं कर रहा हूँ। देश का संविधान भी कोई चीज है या नहीं। पहली पत्नी घर में बैठी है और डोली ले आये। पहली पत्नी से तलाक लिये बिना तुम दूसरा विवाह नहीं कर सकते। तुम्हारा दूसरा विवाह वैध नहीं है।...और मैं तुम्हें बता दूँ, भाभी तुम्हें तलाक देगी नहीं। कभी नहीं।”

भोलाराम हँस पड़ा, “मुझे पहली पत्नी से न तो तलाक चाहिए, न उसकी सहमति और मंजूरी। मुझे तुम्हारे संविधान की भी स्वीकृति नहीं चाहिए। क्या बिगाड़ सकता है मेरा तुम्हारे देश का संविधान?”

“सरकारी नौकरी है तुम्हारी।” रामलुभाया बोला, “नौकरी से भी जाओगे; और जेल में चक्की भी पीसोगे।”

इस बार उसकी पत्नी भी बोली, "मैं जाऊँगी अभी जनाना विभाग में तुम्हारी शिकायत करने।"

"मानवाधिकारवाले भी आयेंगे। तुम्हारा जीना हराम कर देंगे।" रामलुभाया ने जोड़ा।

"और महिला जागृति मंचवाले भी पीछे नहीं रहेंगे। अब आसान नहीं है इस देश में नारी को सताना।" उसकी पत्नी बोली, "तुम्हारी उस नयी छम्मक छल्लो को झोंटे से पकड़कर बाहर घसीट ले जायेंगे चौराहे तक।"

भोलाराम डरने के स्थान पर क्रुद्ध हो गया, "कोई साला मुझे या दुल्हन को हाथ लगाकर तो देखे।"

उसने रुककर उनको घूरा, "मैंने धर्मान्तरण कर लिया है। देश का संविधान नहीं चलेगा मेरे साथ। मैं अब हिन्दू नहीं कि मेरे साथ जो ज्यादती चाहोगे, कर लोगे। अल्पसंख्यक हूँ मैं। हाथ लगाकर तो देखो मुझे...मेरे समर्थन में भी इतने लोग आ खड़े होंगे कि आसमान फट पड़ेगा..."

"कौन आयेगा तुम्हारे समर्थन को? ऐसे अन्याय का समर्थन?" उसकी पत्नी चिल्लायी।

भोलाराम पूरे आत्मविश्वास के साथ बोला, "सारे अल्पसंख्यक संगठन आयेंगे। सारी धर्मनिरपेक्ष पार्टियाँ आयेंगी। सारी प्रगतिशील वामपन्थी संस्थाएँ आयेंगी। मुझे अकेला मत समझना।"

भोलाराम की पत्नी तथा रामलुभाया सहम गये और भोलाराम और अधिक आक्रामक दिखायी देने लगा।

"अल्पसंख्यक असहाय नहीं हैं तुम्हारी तरह।" अन्ततः भोलाराम बोला, "मुझ पर तुम्हारी कानून की धौंस नहीं चलेगी।...हाँ। सबको समान अधिकार प्राप्त है इस देश में। देश तुम्हारे बाप का नहीं है।"

रामलुभाया स्तब्ध रह गया। उसे स्पष्ट दिख रहा था कि झंडा तो उसी के हाथ में था; किन्तु भोलाराम के साथ एक आक्रामक भीड़ थी जिसके हाथ में डंडे-ही-डंडे थे।

[रचना : 24.3.96]

स्वतन्त्रता सेनानी

मैंने उसे ध्यान से देखा, बहुत ध्यान से। इतने ध्यान से कि उसे घूरना भी माना जा सकता है। यद्यपि यह भय मेरे मन में था कि वह किसी भी क्षण मुझे डाँट सकती है, 'तुम्हें लज्जा नहीं आती, इस उम्र में भी लड़कियों को घूरते हो।' ...पर मैं बाध्य था कुछ अपने कर्त्तव्य से और कुछ अपने मन के गणित से। कुछ लोग इन बातों की चिन्ता नहीं करते हैं, बस, अपने काम से काम रखते हैं। पर मेरा तो काम ही यही था। लड़कियों को घूरना नहीं, आवेदन-पत्र पर लिखे तथ्यों की छानबीन करना।...और मैं वही कर रहा था। वैसे भी मेरा मन हिसाब-किताब किये बिना मानता ही नहीं...

उस दिन मैं रेलगाड़ी में था। रामलुभाया लगातार अपनी समझदारी के किस्से सुना-सुनाकर अनेक नये वैज्ञानिक सिद्धान्त प्रतिपादित करता जा रहा था। सबसे अन्त में उसने सारे सिद्धान्तों के सिरमौर के रूप में स्थापना की, "मैं यह मानता हूँ कि यदि विवाह के पश्चात् स्त्री, किसी के बच्चे को गोद ले ले, तो वह स्वयं भी शीघ्र माँ बन जाती है।"

मैंने अनुमान भिड़ाया : शायद रामलुभाया का साथी अभी निस्सन्तान था। तभी तो रामलुभाया उसे शीघ्र माता-पिता बनने के नुस्खे सुझा रहा था।

"तुमने अपने विवाह के बाद किसी का बच्चा गोद लिया था क्या?" उसके साथी ने पूछा।

"हा! लिया था न!" रामलुभाया ने बताया, "मैने अपने भाई का बच्चा गोद ले लिया था। तनिक भी देर नहीं लगायी। विवाह के अगले ही दिन बच्चा गोद ले लिया। तभी तो मेरी पत्नी वर्ष गुजरते-न गुजरते माँ बन गयी थी।"

रामलुभाया का साथी खिसियाकर चुप हो गया। रामलुभाया ने अपनी बात का प्रमाण दे दिया था।...किन्तु मेरा गणितज्ञ मन अपना जोड़-तोड़ भिड़ाने में लगा था।...रामलुभाया ने थोड़ी देर पहले ही तो बताया था कि अपने भाइयों में वह सबसे बड़ा था...

"आपके कितने बड़े भाई हैं?" मैंने पूछा।

"जी! मैं सबसे बड़ा हूँ।" रामलुभाया ने बताया।

"क्या आपका विवाह बहुत बड़ी उम्र में हुआ था?"

रामलुभाया चिढ़ गया, "क्यों? मैं कोई लूला-लँगड़ा हूँ, या अन्धा-काना हूँ, या आपको मैं किसी कंगले परिवार का लगता हूँ?" उसने अपनी कमीज के बटन खोल, गले में पड़ी सोने की जंजीर और अपने दोनों हाथों की अँगुलियों में पड़ी चारों-पाँचों अँगूठियाँ चमका दीं।

"नहीं! मेरा मतलब वह नहीं था।" मैंने माफी माँगते हुए-से स्वर में कहा, "मुझे यह पूछना चाहिए था कि आपके छोटे भाई का विवाह क्या आप से पहले हुआ था?"

"आपके खानदान में होता होगा ऐसा।" वह हत्थे से ही उखड़ गया, "हमारे यहाँ बड़े भाई के कुँवारे रहते, छोटे भाई का विवाह नहीं होता।"

मैं चकरा गया। विचित्र पहेली थी यह। अन्ततः कहना ही पड़ा, "विवाह आपका पहले हुआ। एक वर्ष के भीतर आपका पुत्र भी हो गया; तो फिर आपने अपने भाई का जो बच्चा गोद लिया था, वह आपके पुत्र से पहले कैसे पैदा हो गया? महाराज? कुछ गणित का भी ध्यान कीजिये, और कुछ प्रकृति के नियमों का भी...।"

आज फिर कुछ वैसी ही स्थिति मेरे सामने थी। यह लड़की, जो डिस्ट्रिक्ट मजिस्ट्रेट का सर्टिफिकेट लायी थी कि वह स्वतन्त्रता सेनानी है, अतः उसे उस वर्ग में पेंशन दी जाये—मुझे अट्ठारह-बीस वर्षों से अधिक की नहीं लग रही थी। और मेरा गणितज्ञ मन अपना सिर पीट रहा था...

शिष्टाचारवश मैं यह कहने का साहस भी नहीं कर पा रहा था कि वह झूठ बोल रही है। एक तो मेरे भीतर का पुरुष इस सुन्दर तरुणी का मन दुखाने को तैयार नहीं था। और दूसरे किसी स्वतन्त्रता सेनानी पर इस प्रकार के आरोप लगाना, राष्ट्रद्रोह था। जिन्होंने देश के लिए रक्त बहाया, अपनी जिन्दगी जेलों में काटी, वे पेंशन माँगने आयें, तो उनसे यह कहा जाये कि वे झूठ बोल रहे हैं?...और न ही मैं यह कह सकता था कि डिस्ट्रिक्ट मजिस्ट्रेट का सर्टिफिकेट झूठा है। वह एक उच्च और जिम्मेदार सरकारी अधिकारी था। वह कैसे झूठ बोल सकता है। जिस देश में संसद में मन्त्री झूठ बोले, और बदमाश से बदमाश सांसद यह न कह सके कि वह झूठ बोल रहा है, उस देश में मैं इतना साहस कैसे कर सकता था?...

"आपकी आयु उतनी लगती नहीं, जितनी होनी चाहिए।" मैंने कुछ संकुचित भाव से कहा। नारी से उसकी आयु की चर्चा वैसे ही नहीं की जाती और यह तो स्वतन्त्रता सेनानी भी थी।...और फिर मेरी अपनी यह आयु। वह किसी भी क्षण झपटकर कह सकती थी, "बाबा! मेरा नहीं तो अपनी सफेद दाढ़ी का तो ख्याल कर।"

किन्तु उसने यह सब नहीं कहा। वह मुझसे नाराज भी नहीं हुई। प्रसन्न-वदन आत्मविश्वस्त भाव से बोली, "प्रशंसा के लिए धन्यवाद! बहुत सारे लोग मुझे यही कम्प्लिमेंट देते हैं।"

"पर आपको कुछ अधिक उम्र की दिखना चाहिए।" मैंने कहा।

"बालों में चूना लगा दूँ?" उसने मुस्कराकर पूछा।

"नहीं! सरकार को चूना लगाओ।" मैंने कहा।

"मैं समझी नहीं।"

"मैं घटनाओं के काल-गणित और प्रकृति के नियमों की चर्चा कर रहा था।" मैंने बताया।

"मेरी आयु से गणित का क्या सम्बन्ध?"

"आपकी उम्र क्या है?"

"अठारह वर्ष।"

"भारत का स्वतन्त्रता-संग्राम कब समाप्त हुआ?"

"उन्नीस सौ सैंतालीस में!"

"अर्थात् आज से पैंतालीस वर्ष पहले।" मैं प्रसन्न हो गया, "तो आपने अपने जनम से सत्ताईस वर्ष पहले किस स्वतन्त्रता-संग्राम में भाग लिया?"

"अजीब धामड़ आदमी हैं आप!" वह बोली, "आपका विचार है कि मैं होनोलूलू को स्वतन्त्र कराने के लिए लड़ी थी?"

"नहीं!" मैंने आत्मविश्वास से उसकी ओर देखा, "मैं यह पूछ रहा था कि आपने उस स्वतन्त्रता-संग्राम में कैसे भाग लिया, जो आपके जन्म से पूर्व लड़ा जा चुका था?"

उसने आँखें फाड़कर मुझे देखा, "इतना भी नहीं जानते आप, और भारत सरकार की सेवा में है। नौकरी कर रहे हैं, तो पढ़े-लिखे भी होंगे। किसी विश्वविद्यालय से डिग्री भी ली होगी। यह सब क्या रिश्वत देकर किया था?"

स्थिति बिगड़ गयी थी। मैं उस पर आरोप लगाना चाह रहा था और वह मुझे लांछित कर रही थी।

"रिश्वत क्यों?"

"इतना भी नहीं जानते आप कि हमारा दर्शन जन्म-मरण के चक्र में विश्वास करता है, व्यक्ति के आवागन में।" उसने सहज दृष्टि से मेरी ओर देखा, "हम पुनः-पुनः जन्म लेते हैं। मैं अपने पिछले जन्म में भारत के स्वतन्त्रता-संग्राम में लड़ी थी।"

"ओह!" मेरी आँखें फट गयीं। मुझे लगा, वह अभी कह देगी कि वह पिछले जन्म में झाँसी की रानी लक्ष्मीबाई थी, तो मैं क्या कर लूँगा। मैं उसे झाँसी का राज्य तो दे नहीं सकता।...

“आप गलत जगह आ गयीं।” मैंने अन्त में दफ्तरी टोटका चलाया, “मैं तो केवल इसी जन्म की पेंशन की स्वीकृति दे सकता हूँ। जनम-जनमान्तरों की पेंशन की स्वीकृति का अधिकार तो बड़े साहब के पास है।” मैं कुछ सहज हुआ, “सम्भव है, वे आपको पहचान भी जायें। बहुत से पुराने स्वतन्त्रता-सेनानी उसके साथ विभिन्न जेलों में भी रहे हैं।”

“ठीक है।” वह मुड़ गयीं, “देख लूँगी तुमको।”

प्रेमालाप

रामलुभाया बहुत प्रसन्न था। इतना कि धरती पर उसके पैर ही नहीं पड़ रहे थे। हर व्यक्ति उसे बधाई दे रहा था, हाथ मिला रहा था, उससे गले मिल रहा था; और एक मैं था कि उसकी ओर देख-देखकर मेरा दिल बैठता जा रहा था। भगवान जाने मुझ पर क्या मुसीबत आनेवाली है।

उसका पुत्र जब पहली बार अमरीका जा रहा था तो रामलुभाया मेरे पीछे पड़ गया था कि मैं उसके माध्यम से अपने पुत्र के लिए कुछ-न-कुछ अवश्य भेज दूँ। विदेश जानेवालों के हाथ उपहार भिजवाने का मुझे अच्छा अनुभव नहीं था। अच्छे-अच्छे मित्र भी कह देते थे कि उनके पास बहुत वजन है, वे किसी और का भार नहीं उठा सकते। पर यहाँ तो उल्टी गंगा बह रही थी। वही मेरे पीछे पड़ा हुआ था कि घर का मामला था, इसमें संकोच कैसा। मैं अवश्य ही कुछ-न-कुछ भेजूँ। वह मुझे अपनी दोस्ती का वास्ता दे रहा था। अपने बेटे के मेरे प्रति आदर-सम्मान की चर्चा कर रहा था।

मेरा पुत्र अगस्त्य अमरीका में पढ़ रहा था। उसे कुछ पुस्तकों की आवश्यकता थी। परीक्षा निकट थी। पुस्तक मिलने में देर हुई तो उसके परीक्षाफल पर उसका दुष्प्रभाव पड़ सकता था। मैं रामलुभाया के प्रेम के मोह में फँस गया। मेरा लोभ जाग उठा। यदि मैं पुस्तक उसके पुत्र के हाथ भिजवा देता हूँ तो अगस्त्य को कल ही पुस्तक मिल जायेगी। डाक से एक सप्ताह तो लग ही जायेगा। इस प्रकार पाँच दिनों की बचत थी। और फिर मैं थोड़ी कह रहा था। वह तो रामलुभाया स्वयं ही मेरे पीछे पड़ा हुआ था। मैंने पुस्तक उसे दे दी।

तीसरे दिन अगस्त्य का फोन आया। रामलुभाया चाचाजी के बेटे का फोन आया है कि भार अधिक हो जाने के कारण वह मेरी पुस्तक दिल्ली में ही छोड़ आया है। कृपया मेरी पुस्तक जल्दी भेजें।

मैंने तड़पकर रामलुभाया को फोन किया। पता चला कि वह तो किसी काम से ढाका गया हुआ है। सप्ताह-भर बाद आयेगा। मैंने उसकी पत्नी से उस पुस्तक के विषय में जानना चाहा तो उसका उत्तर था कि वह अपने पति के ऐसे कारनामों के विषय में कुछ नहीं जानती।

अगली बार रामलुभाया स्वयं अमरीका पहुँच गया। उसने पत्र भी लिखा और फोन भी किया कि बेटे की बात और थी। अब तो वह स्वयं ही अमरीका जा रहा है। छुट्टियों में अगस्त्य उसके पास अवश्य आये। बहुत मजा रहेगा। अगस्त्य को भी फोन किया। अगस्त्य ने मुझसे पूछा। उसे छुट्टियों में होस्टल खाली करना होता था। कहीं तो जाना ही था। अब यदि रामलुभाया अपनी ओर से बुला रहा था तो जाने में क्या हर्ज था। वह उसके पास पहुँच गया। किन्तु सामान समेत अपने घर आये अगस्त्य को उसने कह दिया कि उसके बेटे के साथ रहनेवाले लड़के किसी अतिथि को रखने के लिए तैयार नहीं हैं। अगस्त्य ने पूछा कि वह अपने सामान समेत इस अपरिचित नगर में कहाँ जाये? होटल कितने महँगे हैं, वह जानता ही है। अगस्त्य की उस परेशानी में भी रामलुभाया यह कहकर मुक्त हो गया कि अब बच्चों पर किसी का वश तो है नहीं।

उसके बेटे ने एक टेंट हाउस खोल लिया तो हमारे घर के उत्सवों के लिए सब कुछ मुफ्त कर देने के रामलुभाया के प्रस्ताव बाढ़ के पानी के समान हमारे चारों ओर तैरने लगे। मैं फिर से एक बार ललचा गया और उसके बेटे को घर के पहले विवाह का सारा प्रबन्ध सौंप दिया।

उसका पुत्र बहुत प्रसन्न हुआ। उसे अच्छा बड़ा काम मिल गया था। काम अच्छा हो गया तो इसके पश्चात् और परिचितों के माध्यम से भी व्यापार मिलने की आशा बँधी थी।

विवाह से दो सप्ताह पहले उसने फोन किया कि यदि मैं चाहता हूँ कि विवाह के दिन टेंट लग जाये तो मैं पाँच सहस्र रुपये तत्काल जमा करवा दूँ।

मैं चकित रह गया। पर उसका कहना था कि व्यापार तो व्यापार ही होता है। उससे सम्बन्धों का क्या लेना-देना। कोई भी व्यापारी बिना अग्रिम पैसे लिये काम नहीं करेगा। मैं मान गया और जाकर उसकी दुकान पर रुपये जमा करा आया।

अगले दिन फोन आया कि विवाहों की ऋतु है, इसलिए चीजों का भाव बढ़ गया है। मैं बताऊँ कि बढ़े हुए भाव में मुझे सामान चाहिए या नहीं। मैंने उसको समझाने का प्रयत्न करना चाहा, पर वह पूरा व्यापारी बन गया था। यद्यपि मैं समझ रहा था कि विवाह को इतना कम समय रह गया था कि मुझे और कहीं से सामान नहीं मिलेगा और यदि मिलेगा तो इससे भी महँगा मिलेगा, फिर भी मैंने झल्लाकर कह दिया कि मुझे उससे कुछ नहीं लेना। वह मेरे पैसे वापस कर दे।

उसका उत्तर था कि किसी भी काम के लिए लिये गये अग्रिम पैसे वापस नहीं होते।

मेरी कल्पना अपने पागलपन में भी इतनी दूर तक नहीं दौड़ सकती थी कि जिस बच्चे को हमने गोद में खेलाया हो। जिसके माता-पिता हमें अपने परिवार का सदस्य मानते हों, वह बच्चा मुझसे इस प्रकार के व्यापार की जादूगरी करेगा। पर मैंने उससे सामान लिया नहीं और उसने मेरे रुपये लौटाये नहीं। पर कमाल तो रामलुभाया का था कि एक दिन भी उसकी आँखें नीची नहीं हुईं।

आज फिर रामलुभाया कह रहा था, "अब तो बेटा एयर इंडिया में फ्लाइट पर्सर हो गया है। तुम लोग उसके विमान में यात्रा करना। देखना कैसे पलकों पर बैठाकर ले जाता है।"

मेरी आँखें थीं कि देख रही थीं कि मैं टिकट लेकर विमान में चढ़ा हूँ। विमान आकाश में उड़ रहा है और रामलुभाया का पुत्र मेरे पास आया है, "अंकल! आपकी सीट तो मैंने किसी और को दे दी है।"

मैं चकित होकर रामलुभाया की ओर देखता रहा। वह कह रहा था, "अब तुम को टिकट का क्या करना। मुफ्त में दुनिया की सैर करो। बेटा एयर इंडिया में काम करने लगा है।"

मेरी पत्नी ने मुझे कुहनी से टहोका मारा, "कैसे देख रहे हो। होश में आओ।"

"कोई ऐसे भी प्यार जता सकता है क्या?" मैं बोला, "तनिक भी लज्जा नहीं है इसको।"

"तो क्या हो गया।" वह बोली, "तुम मुस्कराकर उसे बधाई दो। पचास वर्षों से हमारा देश पाकिस्तान के प्रत्येक नये प्रधानमन्त्री का प्रेमालाप सुनता ही आ रहा है न। उन्होंने कहना बन्द कर दिया या हमने सुनना बन्द कर दिया?"

सम्पादक

रामलुभाया ने बताया कि कल की पार्टी में सम्पादक उससे कह रहा था कि नरेन्द्र कोहली पहले तो मेरे साथ बैठकर पीता भी था, आजकल पास भी नहीं फटकता। पता नहीं क्या हो गया है, उसको।

"तुमने उसे बताया नहीं कि मैं पीता नहीं हूँ।" मैंने पूछा।

"कहा था मैंने, पर वह माना ही नहीं। अड़ा ही रहा कि तुम पहले उसके साथ बैठकर पीते थे।"

"नशे में बक रहा होगा।" मैंने कहा, "पीता तो मैं हूँ ही नहीं। उसके साथ कभी पाँच मिनट बैठा भी नहीं।"

कुछ दिनों बाद फिर रामलुभाया ने बताया कि सम्पादक बहुत पीड़ित था कि मैं उसे रचनाएँ नहीं भेजता हूँ। इसके लिए वह मुझे बुरा-भला कह रहा था।

"पर वह अपनी पत्रिका में मुझे छापना नहीं चाहता है।" मैंने कहा, "तो फिर वह क्यों चाहता है कि मैं उसे रचनाएँ भेजूँ?"

"तुम रचनाएँ भेजोगे नहीं तो उसे तुम्हारी रचनाएँ लौटाने का सुख कैसे मिलेगा।" रामलुभाया हँसा, "उसने इतना प्रयत्न कर पैसेवाले लोगों के सामने एड़ियाँ रगड़-रगड़, उनकी चापलूसी कर-कर, कहाँ-कहाँ से चन्दा और विज्ञापन जुटाकर पत्रिका निकाली है ताकि वह उसमें सम्पादकीय लिख सके, क्योंकि साहित्य की रचना तो वह अब कर नहीं सकता, और तुम उसको रचनाएँ लौटाने का भी सुख देना नहीं चाहते। कितने निर्दयी हो। वह बेचारा तो इसी शोक में पागल हो जायेगा।"

"उसे ऐसा सुख कभी नहीं मिलेगा।" मैंने कहा, "उसकी पत्रिका में छपने की मेरी रत्ती-भर भी इच्छा नहीं है।"

"तुम शायद जानते नहीं हो, संसार में केवल उसकी ही पत्रिका साहित्यिक पत्रिका है।" रामलुभाया अब भी हँस रहा था।

"यह भी जानता हूँ कि संसार का एकमात्र साहित्यकार भी वही है।" मैंने कहा।

"अच्छा कभी उसके पास जा बैठा करो, ताकि वह कहीं बैठकर डींग मार सके कि तुम उसके दरबार में उसकी कृपा की याचना करने आये थे।"

मेरी इच्छा नहीं हुई और मैं नहीं गया। पर सम्पादक मौन नहीं रहा। वह निरन्तर मेरे विषय में बोलता ही रहा। उसने कहा कि मैं पढ़ा-लिखा नहीं हूँ, विद्वान नहीं हूँ। मैंने सोचा कि इसमें विरोध की तो कोई बात ही नहीं है। मैं तो स्वयं ही नहीं मानता और कह भी देता हूँ कि मैं विद्वान नहीं हूँ और विद्वान होना भी नहीं चाहता। मैं मात्र लेखक ही बना रहना चाहता हूँ।

पर लगा कि सम्पादक को कष्ट था कि मैं लिखता ही क्यों हूँ। उसे मेरा लिखना भाता नहीं था। रामलुभाया ने मुझे बताया तो मैंने उससे कहा, सम्पादक को कहो कि वह अपना रक्त न जलाये। मेरा लिखा न पढ़ा करे। मेरे पास और पाठक हैं।

"न पढ़ा करे? सम्पादक ने आज तक तुम्हारा लिखा कभी कुछ पढ़ा ही कहाँ है।" रामलुभाया ने उत्तर दिया, "वह तो पुस्तकें देखकर ही कुढ़ जाता है।"

"तो फिर वह मेरे लेखन के विषय में अपनी राय कैसे बना लेता है?"

"वह सम्पादक है, इसलिए लोगों के प्रति अपनी राय बनाने के उसके पास दूसरे साधन हैं। तुम उसे एक विज्ञापन दिलवा दो, देखो वह तुम्हारे लेखन की प्रशंसा में पूरा सम्पादकीय लिख देगा।" रामलुभाया बोला।

पर मैं विज्ञापन देकर छपना नहीं चाहता था, न सम्पादक को दारू पिलाने में मेरी कोई रुचि थी। इसलिए मैं उसके निकट नहीं गया। पर सम्पादक अपने सम्पादकीय लिखता रहा और मुझे गालियाँ देता रहा। मुझे समझ नहीं आ रहा था कि उसे कैसा रोग था।...

मैं अपने एक डॉक्टर मित्र के पास बैठा था कि एक अधेड़ सज्जन से दिखनेवाले पुरुष अकड़े से चले आये।

"क्या बात है?" डॉक्टर ने पूछा।

"रात को पलंग से गिर गया और पसलियों में चोट आ गयी है।" उस व्यक्ति ने कहा, "कमर अकड़ गयी है। झुकने में बहुत तकलीफ है। कभी-कभी बैठे-बैठे भी दर्द होता है।"

"कमाल है," डॉक्टर ने कहा, "आप पलंग से गिर गये। पलंग से तो बच्चे गिरते हैं।"

रोगी हत्थे से ही उखड़ गया, "आपको उससे मतलब, बच्चे गिरते हैं या बड़े। और मैं पलंग से गिरा या आसमान से। आपको मेरा इलाज करना है। मेरा कष्ट दूर करना है। आप डॉक्टर हैं, पुलिस कमिश्नर नहीं कि लगे हैं पूछ-पड़ताल करने।"

डॉक्टर ने उसे कुछ गोलियाँ और कुछ निर्देश दिये, "घर पर आराम करियेगा। दफ्तर जाने की आवश्यकता नहीं है।"

"तुम अपना काम करो।" उसने डॉक्टर से कहा, "मैं दफ्तर जाऊँ, न जाऊँ, वह मेरा निजी मामला है।"

"यह इतना नाराज क्यों था?" मैंने पूछा, "कोई डॉक्टर से भी ऐसे बात करता है?"

"रात को पीकर आया होगा और बीवी ने लात मारकर पलंग से गिरा दिया होगा। न उससे क्षमा माँग पाया होगा, न सन्धि कर पाया होगा।" डॉक्टर ने कहा, "अब बेचारा कैसे बताये कि क्या हुआ था। इसीलिए जरा आक्रामक हो रहा था।"

"पर घर पर आराम करने के परामर्श से भी नाराज हो रहा था वह तो।"

"हाँ। लिखना-पढ़ना आता नहीं। जोड़-तोड़ से लग तो गये थे, पर अब दफ्तर का काम होता नहीं। अफसर ने निलम्बित कर दिया है। अब बेचारा क्या करे। विकृत मस्तिष्क व्यक्ति सब पर भौंकता न रहे तो और क्या करे।"

मुझे सम्पादक की याद हो आयी। लक्षण तो बहुत दिनों से देख रहा था, पर उसका रोग आज ही समझ में आया था।

शर्म तुमको मगर नहीं आती...

उन्होंने कहा कि वे हारकर भी जीत गये हैं। मुझे अधिक आश्चर्य नहीं हुआ। मैंने कई बार सुना था कि पिता अपने पुत्र से तथा गुरु अपने शिष्य से हारकर भी जीतता ही है। आश्चर्य तो मुझे तब हुआ, जब ज्ञात हुआ कि वे तो पंजाब की विधानसभा के चुनाव में अपने दल की हार की बात कर रहे थे। मुझसे रहा नहीं गया, तो मैं पूछ ही बैठा, "भाई! तुम हारकर भी कैसे जीत गये?"

वे मुस्कराये, "हमने पंजाब को जनतन्त्र दिया। अब तक तो आतंकवाद के कारण वहाँ कोई जनतन्त्र की बात सोच भी नहीं सकता था।"

मुझको उन पर बहुत शर्म आयी; पर देखा कि उनको तो झूठ बोलते हुए एक छींक तक नहीं आयी थी।

पूछना ही पड़ा, "पंजाब को जनतन्त्र तुमने दिया तो आतंकवाद किसने दिया था? शासक तो तुम ही थे।"

"आतंकवाद हमने नहीं दिया। वह तो विदेशियों की देन है।" वे बड़ी निष्ठा से बोले, "हमने जो दिया, वे तो केवल आतंकवादी थे।"

"पंजाब में जनतन्त्र को समाप्त करनेवाले वे आतंकवादी ही तो थे, जो तुमने दिये थे।" मैंने कहा, "तो उसके लिए कोई दूसरा दोषी कैसे हो सकता है?"

उन्हें तब भी लज्जा नहीं आयी। बोले, "समय-समय की बात है। कभी हम कुछ देते हैं, कभी कुछ। कभी हमने देश को स्वतन्त्रता दी थी, अब हम उसे बेचने पर तुले हुए हैं। भगवान भी तो कभी वसन्त देता है, कभी पतझड़। जो वसन्त देता है, उसे पतझड़ देने का भी पूरा अधिकार है। हमने जो स्वतन्त्रता प्राप्त की थी, अब हम उसे बेचकर अपना घर भरना चाहते हैं तो हमारे विरोधी दलों को आपत्ति क्यों है?"

तो वे अपनी तुलना भगवान से कर रहे थे और मैं था कि उनके चेहरे पर लज्जा की एक हल्की-सी रेखा ढूँढ़ने का प्रयत्न कर रहा था।

तभी उनके एक मित्र आकर उनके पास खड़े हो गये। बहुत प्रसन्न दिख रहे थे। आत्मगौरव में कुछ सिंके-सिंके से थे। लगा, उनका चेहरा कुछ पहचाना हुआ-सा था।

उन्होंने परिचय कराया, "हमारे मित्र, श्री सुखराम ऑफ घोटाला फेम।"

मुझे लगा कि मेरे पैरों तले से जैसे धरती खिसक रही है। यह सुखराम अभी सार्वजनिक भोजों में सम्मिलित हो रहा था। सबके सामने खड़ा होकर मुस्करा रहा था और हाथ में प्लेट थामे खा रहा था। अपनी ख्याति में प्रफुल्लित दाँत दिखा रहा था। और अभी इस देश में ऐसे लोग भी थे, जो अपने घर में होनेवाले भोज में उसे बुलाना गर्व की बात समझते थे। दिखाना चाहते थे कि सुखराम उनका मित्र था, ताकि लोग समझ लें कि वे कितने ऊँचे लोग थे और कहाँ तक पहुँच थी उनकी।

मुझे स्मरण आ रहा था कि एक दफ्तर में मेरे एक परिचित ने अपने एक मित्र से परिचय कराया था, "इनसे मिलिये, ये वे शर्मा हैं, जिन्होंने छात्र-संघ के कार्यालय में एक लड़की के साथ बलात्कार किया था। हमारे अच्छे मित्र हैं।"

बहुत बुरा लगा था मुझे। एक बलात्कारी को वह अपना मित्र बता रहा था और ऐसे बखान रहा था, जैसे उसने हिमालय का कोई उच्च शृंग जय किया हो। ... पर वह व्यक्ति तो एक साधारण दफ्तर का सामान्य-सा लिपिक था। ये तो देश के नेता थे और देश की जनता का रक्त पीनेवाले को अपना मित्र बता रहे थे।

मुझे इस प्रकार दुखी होते देख रामलुभाया ने मुझे सान्त्वना दी, "तुमने हमारे मुहल्ले के चौकी प्रभारी का कथन नहीं सुना?"

"क्या?" मैंने पूछा।

"उनसे किसी ने कहा कि वे पुलिस अधिकारी होकर भी सदा गुंडे, बदमाशों और अपराधियों में ही क्यों घिरे रहते हैं। भले लोगों की संगति क्यों नहीं करते। तो थाना प्रभारी बोले, उन शरीफों के साथ रहकर समय नष्ट करने का क्या लाभ, जो न कोई अपराध करते हैं, न हमें पैसा खिलाते हैं। हमें तो वे अपराधी ही पसन्द हैं, जो स्वयं भी खाते हैं और हमारी झोली भी भरते हैं।"

"और देश?" मैंने पूछा।

"देश की चिन्ता करनेवाले तुम जैसे मूर्ख लोग हैं न!"

तर्क-पद्धति

रामलुभाया आया तो मेरा रुद्ध आक्रोश जैसे फूट पड़ा, "केसरी ने कहा है कि कोयम्बटूर में आडवाणीजी की हत्या करने के लिए बम फोड़ने का षड्यन्त्र राष्ट्रीय स्वयंसेवक संघ ने रचा था।"

"क्यों?" रामलुभाया ने कहा, "वे ऐसा क्यों करेंगे?"

"उनका तर्क है कि यदि आडवाणीजी की हत्या हो जाती तो देश में भारतीय जनता पार्टी के पक्ष में सहानुभूति की लहर चल पड़ती। उन्होंने इसी लहर के लिए यह किया है।"

रामलुभाया कुछ देर तक मौन रहकर कुछ सोचता रहा। फिर बोला, "उनकी तर्क-पद्धति मैं समझ गया हूँ। मैंने उसे पूरी तरह अपनी आत्मा में उतार लिया है। मैं वही हो गया हूँ। अब आप मुझसे कुछ पूछिये, तो मैं आपको उसी तर्क-पद्धति के अन्तर्गत उत्तर दूँगा।"

"रामलुभाया! कोयम्बटूर में आडवाणीजी के प्राण लेने का प्रयत्न किया गया।" मैंने कहा।

"प्रयत्न ही किया गया, कौन-सा प्राण ले लिया।" रामलुभाया बहुत उदास था।

"आप चाहते हैं कि उनके प्राण ले लिए जायें?"

"राजनीति में एही तो एक ठो कठिनाई है कि जो हम चाहते हैं, वह मुख से बोल नहीं सकते।"

"चलिये ठीक है।" मैंने कहा, "पर इस घटना से आपको दुख तो हुआ न?"

"दुख...।" लगा रामलुभाया मेरा विरोध करते-करते रुक गया, "हाँ! दुख तो हुआ भाई। बहुते दुख हुआ।"

मुझे लगा कि वह सहसा ही बहुत उदास हो गया।

"दुख किस बात का है?" मैंने पूछा, "उनकी हत्या के प्रयत्न का; अथवा हत्या के प्रयत्न के असफल होने का?'

रामलुभाया ने मुझको घूरकर देखा, "आप हमसे फालतू बात मत

करिये। ऐसा सवाल पूछने का क्या लाभ, जिसका हम सच-सच उत्तरे नहीं दे सकते।"

"अच्छा बताइये कि हत्या का प्रयत्न किसने किया?" मैंने कहा, "ई तो फालतू प्रश्न नहीं नू है। इसका उत्तर तो आप देबे करिएगा।"

"काहे नहीं देंगे।" वह प्रसन्न होकर बोला, "राष्ट्रीय स्वयंसेवक संघवाला सब उनको मारने का कोसिस किया है।"

"संघवाले ऐसा काहे करेंगे। आडवाणीजी तो उन्हीं की पार्टी के हैं।"

"तो उससे क्या हुआ।" वह बोला, "अपना ही सब तो मारता है। नरसिम्ह. ाराव हमारे अपने ही तो थे, पर हमने मार डाला न उनको। संयुक्त मोर्चा जिस दिन हमको अपना बाप समझा, उसी दिन हम चाकू घोंप दिये न। इन्दिराजी ने जिसको अपना अंगरक्षक नियुक्त किया वो ही तो उनको गोली मारा। लालू को उसका अपना शरद ही तो मारेगा। हिन्दू लोग को हिन्दू मुलायम सिंह ही तो गोली मारा न अयोध्या में।"

मैं रामलुभाया की इतिहास-विश्लेषण-क्षमता से चकित हो गया। बोला, "तो इस दृष्टि से राजीव की हत्या किसने की? या करवाई?"

"कौन करवायेगा। सोनियाजी ने एक हत्या राजीव की करवायी, दूसरी हमारी कर दी।"

"सोनियाजी ने?" मैं चकित रह गया, "तुम किस आधार पर यह बात कह रहे हो?"

"अरे राजीवजी न मरते तो सोनियाजी को राजनीति में प्रवेश कैसे मिलता? कैसे वे कहतीं कि वे एक विधवा हैं, उनके अनाथ बच्चों की रक्षा के लिए उनको भोट दिया जाये?"

"पर पुलिस तो ऐसा नहीं सोचती।" मैंने कहा।

"पुलिस और हममें एही तो अन्तर है। वो इतना बुद्धिमान होता तो अब तक कांग्रेस का प्रधान न बन गया होता।"

"तो संजय गाँधी की मृत्यु?..."

बात पूरी भी नहीं हुई थी कि वे उत्तर के साथ प्रस्तुत भी हो गये, "अरे राजीवजी ने मरवा दिया उन्हें और लोग-बाग यही मानते रहे कि दुर्घटना हो गयी।"

"पर राजीवजी क्यों अपने भाई की हत्या करवायेंगे?"

"बड़े बेटे थे राजीव और इन्दिराजी छोटे को सिंहासन के लिए तैयार कर रही थीं। यह कोई न्याय तो नहीं था। तो राजीवजी ने सोचा कि काँटे को रास्ते से हटा ही दिया जाये।" रामलुभाया किसी स्वप्न में खो गया, "हवाई

जहाज चलाना तो राजीवजी को ही आता था नू। बस गलत-सलत सिखा दिया छोटके भैया को। इसी में एक्सिडेंट हो गया। पुलिस क्या जाने कि दोनों भाइयों में क्या हुआ। यह तो भीतर का बात है। एक हम जानते हैं और एक सोनियाजी जानती हैं।"

मैं अवाक् खड़ा रामलुभाया की बुद्धि के बलिहारी जा रहा था और उनकी विश्लेषण क्षमता का चमत्कार देख रहा था। सहसा मैंने पूछा, "और नेहरूजी को किसने मारा? यह मत कह दीजियेगा कि यमराज ने मारा।"

"काहे को कहेंगे ऐसा।" रामलुभाया ने घूरकर देखा, "हम कोन्हो से डरते हैं क्या। हम सच बोलेंगे। नेहरूजी तो आत्महत्या न कीहिन थे। काहे को आक्रमण किया चीन पर। जब चीन पर आक्रमण किये तो चीन दो झापड़ दिया। बस मन मसोसकर रह गये। कभी किसी का विरोध तो देखा नहीं था उन्होंने। दुलारे तो थे सबके। अपने ही दाँव से मारे गये। लोग सब समझता है कि रोग ने प्राण लिया। अरे नहीं भाई।"

मैंने अपना जिज्ञासा-कार्यक्रम समेटा, "और आगे भविष्य क्या है इस परिवार का?"

"अरे सोनियाजी पावर में नहीं आयी तो उनका वध तो हम ही कर देंगे। जो आदमी कांग्रेस को मार सकता है, उसका पावर कोई कम है क्या कि एक विदेसिनी विधवा को न मार सके। और यदि वे पावर में आ गयी तो उनका वध प्रियंका के हाथों होगा। आखिर प्रियंका को भी तो गद्दी चाहिए। बाकी हम राहुल और प्रियंका के विषय में कुछ नहीं कह सकते हैं। उनमें बेनजीर और मुर्तजा जैसे सम्बन्ध होंगे, कौन किसको मारेगा, कहना कठिन है। राजनीति में तो ऐसा होबे करता है।"

मैंने उस बुद्धिसागर को प्रणाम किया, "तुमसे तो भगवान ही समझेंगे।"

अध्यापक

"इन अध्यापकों ने फिर हड़ताल कर दी।" रामलुभाया ने मुझे बताया, "इन्हें अपने विद्यार्थियों की तनिक भी चिन्ता नहीं है।"

"बुरी बात है।" मैंने कहा, "अध्यापक को इतना स्वार्थी नहीं होना चाहिए। अध्यापन महान् कर्म है। देश की अगली पीढ़ी तथा देश के भविष्य के निर्माण का दायित्व है अध्यापकों पर।"

"यही तो मैं कह रहा हूँ।" रामलुभाया ने कहा, "जो दायित्व लिया जाये, उसको पूरा करना चाहिए। ये लोग देश का निर्माण करने के स्थान पर उसे नष्ट कर रहे हैं।"

मैं उससे सहमत हो गया, "अध्यापक यदि समाज के विषय में न सोचे तो उस अध्यापक का हमें करना ही क्या है।" पर तभी मेरे मन में एक प्रश्न उपजा, "पर वे लोग हड़ताल कर ही क्यों रहे हैं?"

"अरे अपना वेतन बढ़ाने की माँग कर रहे हैं।"

"इनको हर समय अपना वेतन ही सूझता है।" मैं बोला, "देश के विषय में कुछ सोचते क्यों नहीं। और तो कोई अपने वेतन को बढ़ाने के लिए इस प्रकार हड़ताल नहीं करता।"

"अन्य लोगों का वेतन बढ़ाया जा चुका है।" रामलुभाया बोला, "नहीं तो वे भी हड़ताल कर रहे होते।"

"ओह! तो अन्य लोगों का वेतन बढ़ाया जा चुका है।" मैं कुछ चकित होकर बोला, "तो अध्यापकों का वेतन क्यों नहीं बढ़ाया गया। देश का भविष्य जिन लोगों के हाथ में है, उनका वेतन तो ठीक-ठाक होना चाहिए।"

"हाँ! होना तो चाहिए।" रामलुभाया बोला, "पर ये लोग करते ही क्या हैं कि इनका वेतन बढ़ाया जाये।"

"कुछ नहीं करते? तुम तो कह रहे थे कि देश की भावी पीढ़ी का निर्माण इन्हें ही करना है। यह कोई काम ही नहीं है।" मैंने पूछा, "जब भाषण की बात आती है तो उनका काम महान् हो जाता है और वेतन की बात आती है तो वे कुछ करते ही नहीं?"

"हाँ! हाँ! निर्माण करें तो वेतन भी ले लें।" वह बोला, "नये वेतनमान आ तो रहे हैं।"

"कौन से? जो अन्य सरकारी कर्मचारियों को दिये जा चुके हैं?"

'हाँ!"

"कब दिये गये?"

"यही कोई आठ महीने हुए।"

"तो आठ महीने से इन्हें क्यों बैठा रखा है?"

"सरकार जाने।" रामलुभाया ने लापरवाही से कहा।

"तो सरकार जान लेगी। तुम क्यों तड़प रहे हो?" मैंने पूछा।

"मेरा बेटा परीक्षा दे रहा है और ये लोग परीक्षा का बहिष्कार करके बैठ गये हैं। स्वार्थी कहीं के।" वह बोला, "मेरे बेटे का क्या होगा। उसका तो एक वर्ष मारा गया न! उन्हें उसके विषय में सोचना नहीं चाहिए क्या?"

"तुमने एक बार भी कभी यह आवाज उठायी कि अध्यापकों के साथ अन्याय हो रहा है। उनको उनका ठीक वेतन दिया जाये?" मैंने पूछा।

"मुझे अपना कोई काम नहीं है क्या कि मैं उनके वेतन के विषय में सोचता रहूँ?"

"तो उनको कोई काम नहीं है कि वे तुम्हारे बेटे के विषय में सोचते रहें?" मैंने उससे पूछा, "उन्हें तुम्हारे बेटे की चिन्ता होनी चाहिए पर तुम्हारे बेटे को उनकी चिन्ता नहीं होनी चाहिए?"

रामलुभाया ने झल्लाकर मुझे देखा, "तुम किसके पक्ष में हो? मेरे बेटे के अथवा अध्यापकों के?"

"मैं तो देश के पक्ष में हूँ।" मैंने कहा, "मैं तुम्हारे बेटे के लिए चिन्तित हूँ। चाहता हूँ कि उसे अच्छी शिक्षा मिले इसलिए चाहता हूँ कि उसके अध्यापकों की ठीक से देखभाल की जाये। न उन्हें व्यर्थ का बोझ समझा जाये और न उन्हें एड़ियाँ रगड़ने और घुटने टेकने के लिए बाध्य किया जाये। जो अपने सम्मान की रक्षा नहीं कर सकता, वह देश के सम्मान की रक्षा क्या करेगा। जो अपने बच्चों का भविष्य नहीं बना सकता वह औरों के बच्चों का भविष्य क्या बनायेगा।"

भयभीत

"वह हमसे बहुत भयभीत है।" रामलुभाया ने मुझे बताया।

"कौन? मैंने पूछा।

रामलुभाया की इस आदत से मैं काफी परेशान हो चुका था। वह संज्ञा की चर्चा किये बिना सर्वनाम से बात आरम्भ कर देता था।

"पाकिस्तान।" उसने मुझे बताया।

"क्या तुम पाकिस्तान गये थे?"

"नहीं!"

"तो क्या पाकिस्तान तुम्हारे पास आया था?"

"नहीं!"

"तो?"

"तो क्या।" उसने घूरकर मुझे देखा, "हम अपने-आप कुछ समझ नहीं सकते क्या? मैं उनके समाचारपत्र पढ़ता हूँ। मैं उनका रेडियो सुनता हूँ। उनका टी. वी. देखता हूँ।"

"पर क्यों देखते हो?"

"उनका दुख-दर्द समझने को।" वह बोला, "वे हमसे बहुत भयभीत हैं। वे डरे हुए हैं कि हम उन पर आक्रमण करेंगे। हमको परमाणु परीक्षण नहीं करना चाहिए था।"

"हमको अपनी रक्षा का प्रबन्ध नहीं करना चाहिए, क्योंकि उससे पाकिस्तान भयभीत हो जाता है?"

"हाँ।"

"और क्या नहीं करना चाहिए?"

"हमको कश्मीर के लिए झगड़ा भी नहीं करना चाहिए। इससे उनका हमारे प्रति अविश्वास बढ़ जाता है।"

"कश्मीर उनको दे ही नहीं देना चाहिए?"

"वस्तुतः मैं यही कहनेवाला था।" वह बोला, यदि हम उनको कश्मीर दे दें तो सारा का सारा झगड़ा ही समाप्त हो जाये। उनको विश्वास हो जाये कि हम उनसे युद्ध नहीं करेंगे। वे लोग चैन से जी सकेंगे।... और यदि हम अपने

परमाणु अस्त्र भी समाप्त कर दें या उनको दे दें, तो अविश्वास की कोई बात ही नहीं रह जायेगी।"

"मैं तुमको एक कहानी सुनाना चाहता हूँ रामलुभाया!" मैंने कहा।

"पर मैं अभी कहानी नहीं सुनना चाहता।" उसने कहा, "मैं गम्भीर चर्चा करना चाहता हूँ। ऐसे में कहानी कैसे सुन सकता हूँ।"

"मैं तुम्हें गम्भीर कहानी ही सुनाना चाहता हूँ।" मैंने कहा।

"पर इस समय कहानी का क्या तुक है?" रामलुभाया चिढ़कर बोला।

"सुनोगे तो तुक भी समझ में आ जायेगा।" मैंने कहा, "बताओ, पति-पत्नी में कुछ भी बँटा हुआ होता है क्या?"

"नहीं तो।" रामलुभाया बोला, "पति-पत्नी में अलग-अलग क्या हो सकता है। दोनों का घर एक। सम्बन्धी एक। धन-सम्पत्ति एक। जिनकी सन्तान एक, उनका पृथक्-पृथक् क्या हो सकता है।"

"भोलाराम ने विवाह किया तो वह भी यही मानता था। पर कुछ दिनों में उसकी पत्नी ने इच्छा प्रकट की कि वह अपनी अलमारी अलग करना चाहती है। भोलाराम ने कारण पूछा तो बोली कि अलमारी एक होने के कारण भोलाराम उसमें अधिक जगह घेर लेता है। भोलाराम ने उसे नयी अलमारी ले दी। पर पत्नी ने पिछली अलमारी में से भी कब्जा नहीं छोड़ा। वर्ष-भर बीता तो उसने कहा कि वह अपना बैंक खाता पृथक् करना चाहती है। भोलाराम को यह अच्छा नहीं लगा। उसने कारण पूछा, तो उसकी पत्नी ने बताया कि संयुक्त खाता होने से वह तो उसमें से कुछ निकाल ही नहीं पाती सारे पैसे तो भोलाराम ही निकाल लेता है। पैसे तो भोलाराम ही निकालता था। पत्नी तो बैंक तक जाती ही नहीं थी। दोनों के बैंक खाते पृथक् हो गये तो भी घर का खर्च भोलाराम ही चलाता था। पत्नी तो बैंक तक जाती ही नहीं थी। फिर पत्नी ने कहा कि उसे भय है कि वह उसे किसी दिन अपने घर से निकाल देगा, इसलिए वह अपना मकान उसके नाम लिख दे और अपने बैंक खाते में वह उसे भी भागीदार बना ले, ताकि वह उसमें से भी पैसे निकाल सके। भोलाराम प्रसन्न होकर बोला कि वह तो पहले से ही वही चाहता था कि दोनों का सब कुछ संयुक्त हो। पत्नी चिहुँककर बोली कि वह अपना पैसा साझे खाते में नहीं डालेगी। वह तो भोलाराम के खाते को साझा बनाना चाहती है। भोलाराम डर गया। वह जानता था कि वह तो पत्नी को घर से नहीं निकालेगा, पर यदि उसने अपना मकान और पैसा उसके नाम लिख दिया तो वह उसे अवश्य ही घर से निकाल देगी।"

रामलुभाया मेरी ओर देखता रहा। फिर ऊबकर बोला, "क्या तुक हुआ इस कहानी का?"

"हम दोनों का देश एक ही था न?" मैंने पूछा।

"हाँ!"

"तो पृथक् देश किसने माँगा था?"

"पाकिस्तान के जन्मदाताओं ने।"

"उन्हें वह देश दे दिया गया।" मैंने कहा, "फिर वे कश्मीर पर क्यों चढ़ दौड़े?"

"लोभवश।" रामलुभाया बोला।

"अमरीका को अड्डे किसने दिये? अमरीका से हथियार किसने खरीदे?"

"पाकिस्तान ने।"

"हम अच्छे पड़ोसी के समान जीना चाहते हैं, पर हमारे यहाँ आतंकवाद कौन फैलाता है? हत्याएँ कौन करवाता है? नकली नोट कौन भेजता है? नशीले पदार्थ कौन भेजता है?"

"पाकिस्तान।"

"तो विश्वासयोग्य वे नहीं हैं या हम?"

"पर वे भयभीत हैं न!"

"तुम तो बहुत अच्छे वकील हो रामलुभाया! आज तक शत्रुता उन्होंने पाली। उनके मन में हमारे प्रति जमा द्वेष निरन्तर फूत्कार करता रहता है। तीन-तीन युद्ध वे हमसे लड़ चुके हैं। हमने उनकी भूमि जीतकर भी उनको लौटा दी। उनके एक लाख युद्धबन्दी उनको लौटा दिये। वे अब भी हमारे कश्मीर पर कब्जा जमाये बैठे हैं। हमें चोट पहुँचाने का कोई अवसर वे नहीं चूकते। उस पर भी वे हम पर विश्वास नहीं करते और हम उनको विश्वास दिलाने के लिए अपने हाथ-पैर काटकर उनकी झोली में डाल दें? पाकिस्तान तो भोलाराम की पत्नी से भी बढ़ गया है।"

"पर वे हमसे दुर्बल हैं न!" वह बोला।

"तभी तो हम जी रहे हैं।" मैंने कहा, "वे हमसे सबल हो गये होते तो तुम यहाँ बैठकर उनकी पैरवी करने के स्थान पर उनके कारागार में बन्द होते या चिता पर जल चुके होते।"

"उनको भरोसा तो दिलाना ही चाहिए।" वह बोला।

"हम अपने प्राण देकर भी उनको भरोसा नहीं दिला सकते।" मैंने कहा।

"पर हमें अपने प्राण देकर देखना तो चाहिए।" उसने बड़े निश्चित भाव से कहा।

"तुम अपने देश के प्राण लेने पर क्यों तुले हुए हो रामलुभाया?" मैंने खीजकर पूछा।

"मैं सेकुलर हूँ न।" उसने गर्व से कहा।

देशभक्त

रामलुभाया बहुत जल्दी में था। मैं उसे पुकारता रहा और वह मुझसे भागता रहा। अन्ततः मैंने दौड़कर उसको पकड़ ही लिया।

"क्या बात है रामलुभाया?"

"वह अपनी क्रिकेट की टीम आ रही है न। उनका स्वागत करने मैं एयरपोर्ट जा रहा हूँ।"

"हवाई अड्डा नहीं कह सकते, एयरपोर्ट के बच्चे।"

"कहने को तो मैं विमानपत्तन भी कह सकता हूँ पर दैट इज़ नॉट फैशनेबल।" वह बोला।

"पर मुझसे क्यों भाग रहे हो?"

"तुम्हारे पास खड़ा हो गया तो तुम मुझे देर करा दोगे।" वह बोला।

"कैसे कह सकते हो कि मैं तुम्हें देर करा ही दूँगा?" मैंने पूछा।

"मैं तुम्हें जानता नहीं क्या।" उसने एक उपेक्षा भरी दृष्टि मुझ पर डाली, "तुम मुझे कारगिल के समाचार सुनाओगे।"

"तो क्या बुराई है इसमें?" मैंने कहा, "कारगिल में इस समय हमारे सैनिक अपने प्राणों पर खेल रहे हैं। हमें उनका ध्यान होना चाहिए। हमें उनसे प्यार होना चाहिए। हमें उन पर गर्व होना चाहिए।"

"यही बात मैं अपने खिलाड़ियों के विषय में भी कह सकता हूँ।" रामलुभाया ने बहुत वक्र होकर कहा, "हमें अपने खिलाड़ियों से प्रेम होना चाहिए। हमें उन पर गर्व होना चाहिए। हमारा ध्यान उनमें लगा होना चाहिए। वे देश के गौरव की रक्षा करते हैं।"

"हाँ। कभी-कभी करते हैं।" मैंने कहा, "तुम कह सकते हो, कभी-कभी शहीद भी हो जाते हैं।"

"और क्या।" वह इठलाकर बोला, "कभी-कभी शहीद भी हो जाते हैं। आफ्टर ऑल दैट इज़ पार्ट ऑफ द गेम।"

"देखो रामलुभाया! मैं अपने देश के खिलाड़ियों का विरोधी नहीं हूँ।" मैंने

कहा, "पर तुम्हारी प्राथमिकताएँ मुझे बहुत कष्ट दे रही हैं।"

"क्यों? देश के लिए क्या सैनिक ही आवश्यक हैं, खिलाड़ी आवश्यक नहीं हैं। कलाकार और अभिनेता आवश्यक नहीं हैं?" वह इतना उत्तेजित हो गया था कि मुझे लगा, उसे दिल का दौरा भी पड़ सकता था, "तुम सबको एक ही साँचे में ढाल देना चाहते हो। अपने विचारों को सब पर आरोपित करना चाहते हो। किसी की हँसी-खुशी तुमसे देखी नहीं जाती।"

"शान्त हो रामलुभाया!" मैंने कहा, "मैं देश की हँसी-खुशी के लिए ही चिन्तित हूँ, इसीलिए चाहता हूँ कि तुम्हारा और तुम्हारे जैसे खिलन्दड़े लोगों का थोड़ा ध्यान देश की सीमाओं की ओर भी रहे। देश के रक्षकों की ओर रहे। वे सीमा पर अपना रक्त बहा रहे हैं, इसीलिए हम सबकी हँसी-खुशी सुरक्षित है।"

"तुमने देखा नहीं कि जब हमारी टीम जीतती है तो हमारे देश को कितनी प्रसन्नता होती है।" उसने मुझे आँखें दिखायीं।

"वह भी देखता हूँ।" मैंने कहा, "सैनिक विजय दिलाता है तो एक प्रकार का गर्व होता है। सैनिक शहीद होता है तो देश का एक रक्षक जाता है। देश के लिए लड़नेवाला एक योद्धा कम होता है। तब भी वह अपने परिवार, समाज और देश के गर्व का कारण होता है। तुम्हारे खिलाड़ी शहीद होते हैं तो भी धन की बड़ी-बड़ी राशियाँ पाते है; और अगली बार फिर शहीद होने के लिए मैदान में उपस्थित हो जाते हैं।"

"फिर भी शहीद तो होते ही हैं।" वह मुस्कराया।

"हाँ! शहीद होते हैं तो सारा देश पूछता है कि कितने पैसे लिये शहीद होने के?" मैं बोला, "इससे देश का गौरव बढ़ता है?"

"क्यों नहीं बढ़ता।" वह अपना हठवाद लेकर बैठ गया।

"हाँ! जब वे लाखों रुपये लेकर विदेशी कम्पनियों के शर्बत और शराब बेचते हैं। उनके दन्त मंजन और क्षौर लेप बेचते हैं, तो देश अपने गौरव से झूम-झूम जाता है। क्यों?"

"तुम तो अपने देश के कलाकारों के विषय में भी यही कहोगे। हमारी मुम्बई की फिल्में...।"

"मुम्बई की फिल्में हैं कहाँ?" मैंने उसे बात पूरी नहीं करने दी, "वह तो बॉलीबुड है। उसी से पता चल जाता है कि उन्हें अपने देश पर कितना गर्व है। विदेशों का सारा कूड़ा परोस रहे हैं वे हमारे देश की जनता को। प्रेम के स्थान पर वासना, शालीनता के स्थान पर नंगई। विदेशी कम्पनियों

के साबुन, तेल और सुगन्धों को बेचने के लिए उन्हें कपड़े उतारते देख कर देशभक्ति ही जागती होगी तुम्हारी?"

"देशभक्ति की फिल्में भी तो बनती हैं।" वह बोला।

"बनती हैं कभी-कभी। सौ में से एक।" मैंने कहा, "किन्तु वे क्या भाषा दे रहे हैं। कैसे कपड़े पहना रहे हैं। किस प्रकार आलिंगन और चुम्बन की खेती करा रहे हैं। वे देशभक्ति नहीं वासना और व्यसन की फसल उगा रहे हैं। उन पर गर्व है तुमको और जो देशभक्त तुम्हारे जैसे राष्ट्रवादियों की रक्षा के लिए अपना रक्त बहा रहे हैं, उनकी ओर ध्यान देने का भी समय नहीं है तुम्हारे पास।"

"दोस्त!" वह बोला, "तुमसे नहीं निभेगी हमारी।" उसने घड़ी देखी, "अरे देर हो गयी। प्लेन तो लैंड भी कर गया होगा।"

गोवर्धनधारी

रामलुभाया बहुत परेशान था। उसने मुझे फोन किया कि वह मुझसे मिलना चाहता है। मैं सहमत हो गया।

"मेरे घर आ जाओ।" मैंने कहा, "भोजन भी मेरे घर पर ही करना।"

"भोजन तुम्हें मैं करा दूँगा।" वह कुछ चिढ़कर बोला, "तुम मेरे घर आ जाओ।"

"तुम्हारा घर बहुत दूर है।" मैंने सहज भाव से कह दिया।

"मेरा घर तुम्हारे घर से उतना ही दूर है," वह तड़पकर बोला, "जितना तुम्हारा घर मेरे घर से दूर है।"

मन में तो आया कि कहूँ कि इसमें इतना चिढ़ने की क्या बात है। तुम्हें काम है। तुम मिलना चाहते हो तो तुम ही कष्ट करो। पर यह सब कहा नहीं। ये बातें कहने में अच्छी नहीं लगतीं। उन्हें मन में रखने में क्या बुराई है।

बोला, "तो कुछ तुम चलो, कुछ मैं चलता हूँ। बीच रास्ते में कहीं मिल लेते हैं।"

"उससे तो अच्छा है कि मैं ही तुम्हारे घर आ जाऊँ। तुम्हारी कृपा के तले दबा तो नहीं रहूँगा कि तुमने भी मेरे लिए कोई कष्ट किया।"

मैं समझ रहा था कि वह बहुत व्यथित था, नहीं तो इस प्रकार अपने पैरों पर कुल्हाड़ी नहीं मारता। उसे मुझसे काम था। वह मुझे बुला रहा था। और ऊपर से मुझे ही जली-कटी सुना रहा था।

"इतने रोष में क्यों हो भाई?" मैंने पूछ ही लिया।

"मुझे यह अंशदान एकदम अच्छा नहीं लगता।" वे उतने ही रुष्ट स्वर में बोला।

"क्या हो गया?" मैंने पूछा।

"भोलाराम ने कार्यक्रम बनाया था हरिद्वार जाने का।" वह बोला, "कहा कि दोनों चलते हैं। कुछ पैसे मैं डाल दूँ, कुछ वह डाल देगा। मैंने स्वीकार कर लिया। कुल खर्च हुआ पाँच सौ रुपये। उसने डाले पचपन रुपये और मैंने डाले चार सौ पैंतालीस। कहा यह गया कि कुछ रुपये उसने डाले और कुछ मैंने;

और वह मुझे हरिद्वार घुमा लाया।" वह इतने पर ही रुका नहीं। अगली कहानी सुनाने लगा, "भोलाराम का घर मेरे घर से पैंतीस किलोमीटर दूर है नोएडा में। भोलाराम अपने घर से पाँच किलोमीटर चलकर मयूर विहार पहुँचा और मैं तीस किलोमीटर चलकर। और भोलाराम बोला कि कुछ तुम चले और कुछ मैं। दोनों ने ही एक-दूसरे को मिलने का प्रयत्न किया।" रामलुभाया क्षण-भर को चुप हुआ और उसने अपना निष्कर्ष सुना दिया, "मैं इस प्रकार के सहयोग और अंशदान के बहुत विरुद्ध हूँ।"

"जनतन्त्र में तो ऐसा ही होता है भाई।" मैंने कहा, "मिलजुलकर काम करना पड़ता है। तुमने ध्यान नहीं दिया कि आजकल देश में मिलीजुली सरकारें बन रही हैं।"

"न मैं मेलजोल के विरुद्ध हूँ और न जनतन्त्र के।" वह बोला, "किन्तु जनतन्त्र तो हो। यह जो चन्द्रशेखरीय जनतन्त्र है, यह मुझे स्वीकार नहीं है और न ही मैं इसे जनतन्त्र मानता हूँ।"

"मैं तुम्हारा अभिप्राय नहीं समझा।" मैंने कहा।

"इसमें इतना न समझने को क्या है।" उसने उत्तर दिया, "जनतन्त्र का अर्थ है बहुमत। बीस सीटोंवाला व्यक्ति प्रधानमन्त्री और मुख्यमन्त्री बने और अस्सी सीटोंवाला उसको सहयोग देकर सत्ता से बाहर रहे। ऐसा जनतन्त्र तुम्हें भाता होगा, मुझे नहीं भाता।"

"यह तो अपना-अपना व्यक्तित्व है।" मैं बोला, "कोई अस्सी सीटें लेकर भी शालीनता से विपक्ष में जा बैठता है और कोई बीस सीटें लेकर भी गद्दी पर जमा बैठा है। तुम तीस किलोमीटर चलकर भी मेरे कृतज्ञ ही रहते हो और मैं पाँच किलोमीटर चलकर भी तुम पर कृपा करता हूँ।"

"हाँ। है तो ऐसा ही।" रामलुभाया मान गया, "पर यह जनतन्त्र तो उसी का हो सकता है, जिसे सहयोग न करने पर मुकदमा चलने का भय हो। मेरा अतीत ऐसा नहीं है कि इस अन्याय को जनतन्त्र मानकर चुप बैठा रहूँ।"

"तुम इस सहयोग को अन्याय कहते हो?"

"मैं तुमसे कोई विवाद नहीं करना चाहता।" वह बोला, "बस इतना कहना चाहता हूँ कि गिरिधारी तो वही हो सकता है, जो अपनी अँगुली पर गोवर्धन उठा ले, कृष्ण की भुजा पर उठे हुए गोवर्धन के साथ अपनी अँगुली लगाकर खड़ा रहनेवाला गोपाल न गिरिधारी हो सकता है न गोवर्धनधारी, और तुम उसी का प्रयत्न कर रहे हो।"

झुग्गी

रामलुभाया के घर की पिछली दीवार के साथ बाबूराम ने झुग्गी डाल ली। रामलुभाया ने उसे मना किया तो बाबूराम ने उत्तर दिया, "तुम्हारा मकान पिछली दीवार तक ही है न। गली तो तुम्हारे बाप की नहीं है। वहाँ हम झुग्गी बनायें, भैंस बाँधें या शराब की भट्टी लगायें, तुम कुछ नहीं कह सकते।"

रामलुभाया ने अपने छोटे भाई भोलाराम से कहा, "देखो! वह हमारा रास्ता भी रोक रहा है और हमारा मकान भी खराब कर रहा है।"

भोलाराम ने बुरा-सा मुँह बनाया, "मैं क्या करूँ। मैं तो कब से कह रहा हूँ कि मकान मेरे नाम लिख दो। फिर मैं देख लूँगा कि इस बाबूराम का क्या करना है।"

"वह तो मुझसे मेरी गली छीन रहा है और तुम भाई होकर मुझे मेरे घर से ही निकाल देना चाहते हो।"

"मैं तुम्हारा भाई तब ही हो सकता हूँ, जब तुम यह मकान मेरे नाम लिख दो।" भोलाराम ने कहा।

भाई से निराश होकर रामलुभाया ने पुलिस में रपट लिखा दी। पुलिसवाला आया और बाबूराम को धमका गया। कह गया कि अगले दिन वहाँ झुग्गी दिखायी नहीं देनी चाहिए, नहीं तो झुग्गी की तो ईंट से ईंट बजेगी और उसकी पीठ पर पुलिस का डंडा।

प्रातः उठकर रामलुभाया अपने पौधों की सिंचाई करने मकान के पिछले भाग में गया तो उसने देखा : बाबूराम ने रात-भर में उनके मकान की चारदीवारी तोड़कर अपनी झुग्गी मकान की सीमा के भीतर कर ली थी। पौधे उखड़ गये थे। क्यारियाँ उजड़ गयी थीं। उसके बच्चे खुले में शौच के लिए बैठे थे। उसने गली खाली कर दी थी, पर रामलुभाया का मकान घेर लिया था।

रामलुभाया आगबबूला हो उठा। उसका साहस तो देखो। किसी के मकान की चारदीवारी तोड़कर उसके मकान में घुस जाना और वहाँ अपने रहने का प्रबन्ध करना।

उसने बाबूराम को डाँटा, "यह क्या है?"

"क्या, क्या है?" बाबूराम ने भोले बनकर पूछा।

"तुमने हमारे मकान की चारदीवारी तोड़ी और हमारी भूमि पर कब्जा

किया; और अब मुझसे पूछ रहे हो कि क्या है।"

"तुम्हारा दिमाग तो ठीक है।" बाबूराम ने उसे ही डाँट दिया, "किसकी चारदीवारी और किसकी भूमि? मैं तो पीढ़ियों से यहीं रहता आया हूँ।"

"अभी कल रात ही तो पुलिसवाला तुम्हें हड़काकर गया है और प्रातः ही तुम कहने लगे हो कि तुम पीढ़ियों से यहीं रहते आये हो।" रामलुभाया ने कहा।

"रामलुभाया! तुमने सुबह सुबह भाँग तो नहीं पी ली?" बाबूराम हँसा, "पुलिसवाला हड़काकर गया होगा तुमको। अब तुम जाओ यहाँ से और मुझे काम करने दो।"

रामलुभाया पुलिस चौकी जा पहुँचा। इस बाबूराम को तो पुलिसवाला ही ठीक करेगा। यह रामलुभाया के बस का नहीं है।

पुलिसवाले ने रामलुभाया की बात सुनी और बोला, "कल तुम कह रहे थे कि किसी ने तुम्हारी दीवार के साथ गली में झुग्गी बना ली है, आज कह रहे हो कि उसने तुम्हारी दीवार तोड़कर तुम्हारी भूमि पर झुग्गी बनायी है। तुम अपनी बात से ऐसे पलटोगे तो हम तुम्हें ही बन्द कर देंगे।"

"नहीं इंस्पेक्टर साहब! मैं अपनी बात से नहीं पलट रहा।" रामलुभाया ने कहा, "मैं तो बता रहा हूँ कि रात-भर में उस बाबूराम के बच्चे ने क्या कर लिया है।"

पुलिसवाले ने घूरकर रामलुभाया को देखा और बोला, "उसने रात-भर में एक और काम किया है।"

"क्या?"

"उसने तुम्हारे विरुद्ध रपट लिखायी है कि तुम उसको उसकी भूमि से उजाड़कर उसकी भूमि पर कब्जा करना चाहते हो।"

"क्या?" रामलुभाया जैसे आकाश से गिर पड़ा, "उसकी भूमि? उसकी कौन सी भूमि? उसके पास कोई प्रमाण है?"

"हाँ! प्रमाण है न!"

"क्या प्रमाण है?"

"आपके भाई भोलाराम का बयान है कि वह सम्पत्ति आप दोनों की सम्मिलित सम्पत्ति है। पीछे का भाग उनका है और आगे का आपका।" पुलिसवाला बोला, "बाबूराम के दादा आपके दादा के कर्मचारी थे। उनके पिता आपके पिता के कर्मचारी थे और अब बाबूराम आपके भाई के कर्मचारी हैं। वे तीन पीढ़ियों से उसी स्थान पर रहते हैं। अब आप बाबूराम को वहाँ से भगाकर उनके भाग की भूमि पर कब्जा करना चाहते हैं।"

"बकवास करता है भोलाराम!" रामलुभाया झल्लाकर बोला, "वह मुझे परेशान करने के लिए यह सब कर रहा है।"

"यही बात वे आपके लिए कह रहे हैं।" पुलिसवाला बोला।

"पर कल रात आप स्वयं वहाँ गये थे। आपने देखा था कि बाबूराम ने गली में झुग्गी डाली हुई थी। आपने देखा था कि मेरा मकान ठीक-ठाक था। उसकी चारदीवारी टूटी हुई नहीं थी।"

"वह कल की बात थी।" पुलिसवाला बोला, "तब तक आपके भाई का बयान नहीं आया था।"

"इंस्पेक्टर साहब! हमारी सम्मिलित सम्पत्ति थी। उसका बँटवारा हुआ था। उसमें से मेरे भाई भोलाराम ने अपना हिस्सा तो ले लिया था और इस मकान पर भी कब्जा कर लिया था।" रामलुभाया ने बताया, "मैंने बरसों की दौड़-धूप और कानूनी लड़ाई के बाद न्यायालय से इस मकान का कब्जा और अधिकार पाया है। आप न्यायालय का आदेश देख सकते हैं। आप कागज देख सकते हैं।"

"हम कुछ नहीं कर सकते।" पुलिसवाला बोला, "या तो आप दोनों भाई परस्पर फैसला कर लीजिये, नहीं तो आपकी सारी सम्पत्ति विवादास्पद घोषित हो जायेगी और उस भूमि पर बाबूराम का कब्जा भी वैध माना जा सकता है।"

रामलुभाया ने भोलाराम का द्वार खटखटाया, "यह क्या कर रहे हो तुम?"

"क्या कर रहा हूँ।" भोलाराम हँसा, "मैंने तुमसे कहा था कि मकान का कब्जा मुझसे मत लो।"

"ऐसे तो मकान हमसे छिन जायेगा। न मेरा रहेगा न तुम्हारा। वह बाबूराम का हो जायेगा। हमारे परिवार की सम्पत्ति।"

"छिन जाये।" भोलाराम बोला, "मकान मेरे पास नहीं रहेगा तो वह तुम्हारे पास भी नहीं रहेगा?"

"अपने परिवार के शत्रु हो तुम। न्याय की बात नहीं मान रहे हो।"

"शत्रु तो शत्रु ही सही, पर मकान रहेगा तो मेरे पास, नहीं तो तुम्हारे पास भी नहीं रहेगा।"

"तुमको लज्जा नहीं आती।"

"लज्जा काहे की। तुम देख नहीं रहे, शासन छिन गया तो विरोधी दल विदेश से लाकर बांगलादेशियों को इस देश में बसा रहे हैं। उनको निकालने का प्रयत्न किया जाये तो संसद तक नहीं चलने देते। वे नहीं जानते कि आज का एक करोड़ बांगलादेशी कल एक ही पीढ़ी में दस करोड़ हो जायेगा। तब क्या देश हमारे पास रह पायेगा? वे देश बांगलादेशियों को दे देना चाहते हैं। उन्हें देश बेचने में लज्जा नहीं आती तो मुझे एक मकान के पीछे क्या लज्जा?"

रामलुभाया का सिर लज्जा से झुक गया।

कुक्कुट-न्याय

रामलुभाया मुझसे बहुत रुष्ट था। मैंने उसकी पत्रिका के लिए वह निबन्ध नहीं लिखा था, जो उसने मुझसे कहा था।

"मैं अपना उपन्यास लिखने में लगा था।" मैंने कहा, "और जब मैं उपन्यास लिख रहा होता हूँ, तब मैं और कुछ नहीं लिखता।"

"क्यों? रोटी-सब्जी खाते हो तो साथ में अचार नहीं खाते? चटनी नहीं खाते?" उसने मुझे डाँटा।

"जब कुक्कुट के साथ रोटी खा रहा होता हूँ, तो कोई चटनी-अचार नहीं चलता।" मैंने अपनी ओर से उसके नहले पर दहला मारा।

"शाकाहार आन्दोलनकारियों से डरो।" वह बोला।

"क्यों? वे मुझे खा जायेंगे क्या?"

प्रश्न गम्भीर था। यदि शाकाहारी मुझे नहीं खायेंगे, तो उनका आन्दोलन नहीं चलेगा; और यदि वे मुझे खा जायेंगे, तो वे शाकाहारी कैसे रह पायेंगे?

"यार समस्या सचमुच बड़ी गम्भीर है।" वह बोला, "इसी द्वन्द्व में तो हमारा राष्ट्रभक्त शासक फँसा हुआ है। या फिर उसकी समस्या इससे भी गम्भीर है।"

"कैसे?" मैंने पूछा।

"जब वह प्रधानमन्त्री बना था, तो क्यों बना था?"

"धन कमाने के लिए।" मैंने कहा, "अपने और अपने परिवार के लिए धन-सम्पत्ति जुटाने के लिए।"

"पर यह कह देता तो कोई उसको प्रधानमन्त्री बनाता?"

"नहीं।"

"तो फिर कहना ही पड़ता है कि वह देश की सेवा करेगा।"

"अब यदि वह देश की सेवा ही करता रह जाये, तो उसे प्रधानमन्त्री बनने का लाभ क्या होगा। महात्मा गाँधी को यह लाभ नहीं उठाना था, तो वे प्रधानमन्त्री ही नहीं बने।"

"हाँ क्या? प्रधानमन्त्री बनने के पश्चात् उसने अपना काम आरम्भ किया,

अर्थात् देश को खाना आरम्भ किया तो तुम जैसों ने कहना आरम्भ कर दिया कि वह देशभक्त नहीं है।"

"हाँ। तो जनता ने ही क्या भूल की?" मैंने पूछा।

"भूल नहीं है यह? यह जानते हुए भी कि कोई प्रधानमन्त्री क्यों बनता है, उस पर भिन्न-भिन्न प्रकार के आरोप लगा रही है जनता। उसे परेशान कर रही है।" रामलुभाया बोला, "वह देश से प्रेम न करता तो इसी देश का प्रधानमन्त्री क्यों बनता। वह पाकिस्तान अथवा अमरीका का प्रधानमन्त्री क्यों न बन जाता।"

"तो बन जाता किसी और देश का। हमारे ही देश का क्यों बना?" मैंने हुज्जत की।

"क्योंकि वह अपने देश से प्रेम करता है।" उसने कहा।

"तो अपने ही देश को वह खा क्यों रहा है? जिससे प्रेम करते हैं, उसको खा जाते हैं क्या?"

"तुम कुक्कुट क्यों खाते हो?" उसने पूछा।

"मुझे अच्छा लगता है।"

"उसे भी अच्छा लगता है।" रामलुभाया बोला, "जो अच्छा लगता है, उसी को तो खाया जाता है। तुमको कुक्कुट अच्छा लगता है तो तुम उसे खा लो; और उसे अपना देश अच्छा लगता है, तो वह उसे न खाये? यह कहाँ का न्याय है?"

"पर मैं कुक्कुट से वोट माँगने तो नहीं जाता। उसे यह तो नहीं कहता कि मैं उसकी सेवा करूँगा।" मैंने खीझकर उत्तर दिया।

"हाँ!" रामलुभाया ने गम्भीर मुद्रा बनायी, "उसे भी देश प्लेट में परोस दिया जाये अथवा दुकानों पर भुना-तला हुआ खाने को मिल जाये, तो वह किसी से वोट माँगने नहीं जायेगा। सारी मजबूरी तो प्रजातन्त्र की है कि कोई भला आदमी, जनता के वोट पाये बिना उसे खा भी नहीं सकता।"

रामलुभाया बहुत उदास हो गया लगता था।

मृत्यु

एक अंग्रेजी पत्रिका ने अपने एक पाठक का पत्र बड़े गर्व से प्रकाशित किया है कि उसने अपने जीवन में आज तक जब भी कभी किसी विषय पर कोई पुस्तक पढ़नी चाही है, कभी हिन्दी की कोई पुस्तक नहीं पढ़ी। उसने यह दावा भी किया है कि उसकी पीढ़ी के लोगों का काम अंग्रेजी से ही भली-भाँति चल रहा है। उनको हिन्दी की कोई आवश्यकता नहीं है। यह इस बात का प्रमाण है कि हिन्दी मर रही है।

मैं तो उस कृपालु पाठक की उदारता और दयालुता से ऐसा अभिभूत हुआ कि उसको खोजकर उसके चरणों को धो-धोकर पीने की इच्छा मेरे मन में मचलने लगी। देखो, उसने कितनी कृपा की कि यह नहीं लिखा कि हिन्दी ही नहीं, सारी भारतीय भाषाएँ ही मर रही हैं। जब इस पीढ़ी का काम अंग्रेजी से ही भली-भाँति चल रहा है, तो संसार में किसी भी और भाषा को जीकर करना ही क्या है। यदि वह पाठक संसार की अन्य सारी भाषाओं की मृत्यु की घोषणा भी कर देता तो कोई उसका क्या बिगाड़ लेता। अंग्रेजी की पत्रिकाओं की स्थिति तो उन नालायक पुत्रों के समान है जो अपने उत्पन्नकर्ता जनक और पालनकर्ता पिता की मृत्यु की कामना इसलिए कर रहे हैं कि वह मरे तो उसकी सम्पत्ति को वे हड़प सकें।

और वह पाठक तो जानता ही नहीं कि उसे विकलांग होने के नाते इस देश में कितनी सुविधाएँ मिल सकती हैं। बेचारा थोड़ा अज्ञानी होने के नाते कितना कष्ट पा रहा है। युवा पीढ़ी के करोड़ों लोग उसको दिखायी नहीं दे रहे, जो केवल अपनी मातृभाषा ही जानते हैं और उसी में काम करते हैं। बेचारा नेत्रहीन पाठक उस कबूतर के समान है, जो अपनी आँखें बन्द कर समझता है कि बिल्ली का अस्तित्व ही नहीं है। और वह तो समझता है कि उसकी पीढ़ी आखरी पीढ़ी है और अब अगली पीढ़ी तो जन्म लेगी ही नहीं, जैसे मुगलों के समय बहुत सारे लोग मानते थे कि अब इस देश की भाषा फारसी हो चुकी है। उन्होंने मान लिया था कि भारत का स्वशासन तो समाप्त हो ही गया है। उन्हीं की सन्तानें वे थीं, जिन्होंने मान लिया था कि अंग्रेजी साम्राज्य कभी

समाप्त नहीं हो सकता। अब ये पाठक उत्पन्न हुए हैं और उनके पत्रों को प्रकाशित करनेवाली पत्रिकाएँ जन्मी हैं, जो मिलकर हिन्दी की मृत्यु की घोषणा कर रहे हैं और प्रसन्न हो रहे हैं। बड़ी दया आ रही है मुझे उन पर, जिनकी राष्ट्रीयता मर गयी है। जिनका आत्मस्वाभिमान मर गया है। वे गर्व कर रहे हैं कि उनकी मातृभाषा मर रही है अथवा मर गयी है। उन्हें अपनी माँ के मरने का कष्ट नहीं है, शोक नहीं है। उस माँ से प्रेम करनेवाले पुत्रों को वे उपदेश दे रहे हैं, कि उस माँ की सेवा-शुश्रूषा में वे अपना धन क्यों नष्ट कर रहे हैं। इन लोगों को इसराइल और इसरायली दिखायी नहीं देते, जिन्होंने ढाई हजार वर्षों के पश्चात् भी अपनी भाषा को एक देश दिया है और अपने समाज तथा देश को उसकी भाषा दी है।

इस महान पाठक के पत्र को पढ़कर मुझे जगन्नाथ पहाड़िया स्मरण हो आया। पहाड़िया संयोग से किसी समय राजस्थान का मुख्यमन्त्री बन गया तो सत्ता का मद उसके मस्तिष्क पर चढ़ गया और उसने एक टिप्पणी की कि मैंने तो महादेवी वर्मा की कोई कविता पढ़ी नहीं, तो वे महत्वपूर्ण कवयित्री कैसे हो सकती हैं। उस गरीब को पता ही नहीं चला कि कोई अस्थायी-सा मुख्यमन्त्री किसी कवि को न पढ़े तो कवि की महानता में अन्तर नहीं आता, उस अनपढ़ मुख्यमन्त्री की जहालत ही प्रकट होती है। और उसके बाद तो वह मुख्यमन्त्री ही क्या कोई-सा मन्त्री भी नहीं रहता। यह पाठक तो बेचारा सत्ता के मद का भी नहीं, अपनी अंग्रेजी दासता के अहंकार का मारा है। वह समझता है कि जिस भाषा को उसने नहीं पढ़ा, वह भाषा मर जायेगी। जिस लेखक को उसने नहीं पढ़ा वह लेखक मर जायेगा। उस गरीब ने हिन्दी का वह मुहावरा नहीं सुना कि भंगी के कोसने से साँढ़ नहीं मरा करते। कोलम्बस अमरीका न पहुँचे तो भी अमरीका का अस्तित्व होगा ही, बस कोलम्बस की जाति को अमरीका का धन नहीं मिल पायेगा। मैं भगवान से प्रार्थना करता हूँ कि वह उस पाठक पर दया कर उसे यह ज्ञान दे कि कोई भाषा किसी पाठक का द्वार नहीं खटखटाती कि वह उसको पढ़े। ज्ञानपिपासु ही स्वयं जाकर भाषा का द्वार खटखटाता है कि माँ मुझे अपने आँचल में ले और अपने वक्ष में संचित ज्ञान का स्तन्य मुझे प्रदान कर ताकि मैं पुष्ट हो सकूँ। मैं भगवान से यह प्रार्थना भी करता हूँ कि वह उस पाठक को उसके दम्भ, अहंकार और संकीर्णता के लिए क्षमा करे क्योंकि वह नहीं जानता कि वह किन-किन घातक रोगों से ग्रसित है।

प्रदूषण

नगर में प्रदूषण बहुत बढ़ गया था। विश्व स्वास्थ्य संगठन तक ने कह दिया था कि दिल्ली मनुष्यों के रहने योग्य न ।र नहीं है। बात तो लोग विश्व स्वास्थ्य संगठन की भी नहीं मानते (आखिर यहाँ एक करोड़ लोग रहे चले जा रहे हैं), तो मेरी क्या मानेंगे। पर मुझे और भी पहले ज्ञान हो गया था कि यह नगर मनुष्यों के रहने योग्य नहीं है। पशुओं को फलते-फूलते देखकर कौन यह समझ नहीं जायेगा।

तो प्रदूषण बढ़ गया था, क्योंकि समृद्धि बढ़ गयी थी। जिस ओर देखो समृद्धि का धुआँ फैलता दिखायी दे रहा था। यह ठीक है कि लोगों के मुख से सिगरेट का धुआँ भी निकल रहा था और अहंकार का भी, पर यह भी सत्य है कि गाड़ियों से भी धुआँ निकल रहा था। और गाड़ियाँ बहुत थीं। उतनी सड़कें भी नहीं थीं, जितनी गाड़ियाँ थीं। अकस्मात् ही सारे संसार के निर्माताओं को दिल्ली बहुत प्यारी लगने लगी थी और सब अपने-अपने कारखानों में गाड़ियाँ बनाकर दिल्ली की सड़कों पर चलाने को आतुर हो उठे थे। निकलने को तो झुग्गियों से अंगीठी का धुआँ भी निकल रहा था; किन्तु सबसे अधिक तो रिश्वत क धुआँ था जो सबका दम घोंट रहा था। कुछ घृणा का धुआँ भी था। लगता था कि इतने धुएँ में कोई जीवित नहीं बचेगा; पर पता नहीं यह कैसा दमघोंटू धुआँ था, जिससे नगर की जनसंख्या घटने के स्थान पर बढ़ती ही जा रही थी।

आशा थी कि नगर की पुलिस इस प्रदूषण से बहुत परेशान होगी। जिस नगर में प्रदूषण फैलानेवाले इतने हों और पुलिस उनका कोई प्रबन्ध न कर पाये, उसे परेशान तो होना ही था। रामलुभाया पुलिस कमिश्नर था। मैं उसे सान्त्वना देने पहुँचा। देखा, वह सचमुच परेशान था।

"क्यों भई! उन गाड़ियों से परेशान हो जो प्रदूषण फैला रही हैं?"

"परेशान तो हूँ," वह बोला, "किन्तु इसलिए नहीं कि गाड़ियाँ प्रदूषण फैला रही हैं, परेशान तो इसलिए हूँ कि ये सारी गाड़ियाँ मिलकर भी उतना धुआँ नहीं उगल पा रही हैं, जितना थोड़े से कारखाने उगल रहे हैं; और हम केवल

गाड़ियों का ही चालान कर पा रहे हैं, कारखानों का नहीं।"

"तो तुम चाहते हो कि कारखाने धुआँ न उगलें?"

"नहीं! हम चाहते हैं कि हमारे अधिकार क्षेत्र की चीजें धुआँ उगलें, ताकि हमारा भविष्य भी तो बने।" वह बोला, "यह क्या। नगर तो सारा मर रहा है और हमारा भविष्य भी नहीं बन पा रहा।"

मुझे हबीबा याद आ गया। अचानक उनके दफ्तर से एक आदमी को सरकार ने प्रशिक्षण के लिए विदेश भेजने का निर्णय किया और सबसे पुराना व्यक्ति होने के कारण उसका नाम सबसे ऊपर आ गया। फटाफट तैयारी आरम्भ हुई। वीजा और पासपोर्ट के लिए चक्कर लगे। सुना गया कि उसकी पत्नी उसकी डॉक्टरी जाँच करवाने उसे नगर के सबसे बड़े अस्पताल में ले गयी है। मैं उसे बधाई देने उसके घर पहुँचा। बधाई दी तो उसकी पत्नी ने मुझे डाँटते हुए से पूछा, "किस बात की बधाई?"

"हबीबा के विदेश जाने की। उसकी डॉक्टरी जाँच हो गयी न।"

"अरे वह रोगी आदमी है, गाजियाबाद तक तो जा नहीं सकता, इतनी लम्बी यात्रा कहाँ करेगा। वह तो विदेश जाने के नाम से ही घबराकर खाट पर पड़ गया है। मैं उसका उपचार करवाती फिर रही हूँ और तुम बधाई देने आये हो।" उसने मुझे ऐसा धिक्कारा कि मैं आज तक फिर कभी उसके घर जाने का साहस नहीं कर सका।

इससे पहले कि रामलुभाया भी मुझे वैसे ही धिक्कारता, मैंने उसे सान्त्वना देने का नया क्षेत्र खोज निकाला, "जब कारखाने बहुत धुआँ उगलेंगे और किसी के सँभाले न सँभलेंगे, तो सरकार तुमसे ही तो कहेगी कि कारखाने बन्द करवाओ।"

"यह बात ठीक है।" वह प्रसन्न हो गया, "मुझे गाड़ियों की चिन्ता छोड़कर अधिक कारखाने खुलवाने चाहिए। पहले अवैध कारखाने खोलने की रिश्वत और फिर उनको बन्द करवाने की शाबाशी।"

मैं समझ गया कि रामलुभाया, उससे कहीं अधिक समझदार था, जितना मैं उसे समझता था।

कुछ ही दिनों में उसकी बात सच होकर सामने आ गयी। प्रशासकों और मन्त्रियों को तो पता ही नहीं चला और एक न्यायाधीश ने प्रदूषण की नाड़ी पकड़ ली। उसने निर्णय दे दिया कि नगर में प्रदूषण फैलानेवाली वैध और अवैध औद्योगिक इकाइयाँ बहुत हैं। उनको बन्द किया जाये।

रामलुभाया का तो पता नहीं, किन्तु नागरिक प्रसन्न हो गये। अब प्रदूषण दूर होगा और उनके छोटे-छोटे बच्चों को दमा नहीं होगा। उनकी आँखें नहीं

जलेंगी। लोगों को विभिन्न प्रकार के रोग नहीं होंगे और नगर के पेड़-पौधे भी पनप पायेंगे।

पर ऐसा कुछ नहीं हुआ। एक भी कारखाना बन्द नहीं हुआ। न्यायाधीश ने पुलिस को डाँटा, "कारखाने बन्द क्यों नहीं करवाते?"

पुलिस ने कहा, "न्यायमूर्ति! जिन कारखानों को आपने नगर से हटाने के लिए कहा है, वे कारखाने तो हैं ही नहीं। हम किसे हटायें।"

"पर मेरे पास तो उन कारखानों की सूची है।"

"सूची तो फाइल में है।" पुलिस ने बताया, "धरती पर तो कारखाना है ही नहीं। वह तो अनुदान लेने और देनेवालों का चमत्कार है। लाइसेंस और कोटे लिये और बेच दिये। जमीन पर कब्जा किया और पैसा बनाया। कारखाना तो है ही नहीं, जिसे नगर से हटाकर नगर का प्रदूषण दूर करें।"

रामलुभाया शायद समझ गया हो; किन्तु न्यायाधीश और नागरिक आज तक समझ ही नहीं पा रहे कि जब कारखाने ही नहीं हैं तो नगर में प्रदूषण कौन फैला रहा है।

अभिव्यक्ति

"इस देश का क्या होगा?" रामलुभाया बहुत घबराया हुआ था।

मुझे आश्चर्य नहीं हुआ, क्योंकि वह तो छिपकली के दीवार से गिर जाने पर भी ऐसा घबराता था, जैसै आकाश ही धरती पर आ गिरा हो। फिर भी मैंने पूछ लिया, "क्यों क्या हो गया?"

"अरे यहाँ कोई फिल्म नहीं बन सकेगी। किसी नाटक का मंचन नहीं हो पायेगा। कोई साहित्यिक रचना नहीं हो पायेगी।"

मैं भी डर गया : वह कैसा देश होगा जिसमें सृजन नहीं हो पायेगा?

"पर तुम यह भविष्यवाणी कैसे कर सकते हो?"

"अरे वे लोग एक फिल्म की शूटिंग नहीं होने दे रहे।" वह बोला।

"कौन लोग?"

"वे ही जो सब जगह दंगा करते हैं।"

"उनका नाम लेने से तुम्हारा मुँह अपवित्र हो जायेगा?"

"हाँ!"

"क्या वे विदेशी, भाड़े के आतंकवादियों से भी बुरे हैं? आतंकवादी संगठनों का नाम लेने से तो तुम्हारा मुँह अपवित्र नहीं होता।" मैंने कहा।

"वह सब छोड़ो।" रामलुभाया बोला, "समझ लो ये ही संघवाले।"

"पता नहीं वे संघवाले हैं भी या नहीं, क्योंकि तुम्हें सारी बुराइयों के मूल में संघवाले ही देखने का रोग है।" मैंने कहा, "किन्तु वे फिल्म की शूटिंग क्यों नहीं होने दे रहे?"

"कहते हैं कि उस फिल्म के माध्यम से हिन्दू धर्म का अपमान किया जा रहा है।" रामलुभाया बोला।

"तो यह कहो कि वे लोग हिन्दू धर्म का अपमान करने की अनुमति नहीं दे रहे।" मैंने कहा, "फिल्म से उनका क्या विरोध है।"

"वही सही।" रामलुभाया बोला, "पर यह ठीक नहीं है।"

"तुम कहना चाहते हो कि हिन्दू धर्म का अपमान करने की अनुमति दी जानी चाहिए?"

"आज तक तो दे रहे थे।" वह ठंडी साँस भरकर बोला, "यह तो हमारी परम्परा है। हम उस परम्परा का विरोध कैसे कर सकते हैं। ऐसे तो हमारी कोई परम्परा जीवित ही नहीं बचेगी।"

"जूते खाने की परम्परा कोई परम्परा नहीं होती रामलुभाया!" मैंने कहा, "वह दुर्बलता होती है और उससे जितनी जल्दी छुटकारा मिल जाये, उतना ही अच्छा।"

"पर उससे अभिव्यक्ति का संकट तो हो जायेगा न।" वह तड़पकर बोला।

"तुम किसी का अपमान न कर सको तो तुम्हारी अभिव्यक्ति का संकट हो जाता है?" मैं चकित दृष्टि से उसे देखता रहा, "अर्थात् तुम्हारे पास कहने को और कुछ है ही नहीं।"

"पर ये सब तो सामाजिक बुराइयाँ हैं।" वह बोला, "उनका चित्रण तो होना ही चाहिए।"

"सामाजिक बुराइयों का तो कोई विरोध नहीं करता।" मैंने कहा, "हमारी सारी फिल्मों में सामाजिक बुराइयों को उजागर किया जाता है। पर तुम सामाजिक बुराइयों के कारण धर्म और संस्कृति का अपमान करने की अनुमति माँग रहे हो। उसकी अनुमति नहीं दी जा सकती।"

"पर धर्म में वे बुराइयाँ हैं। आज भी हैं।"

"हिन्दू धर्म तो वही था, जिसमें ईसाई पादरी रोज दोषदर्शन कर रहे थे और उनको सुनकर माइकल मधुसूदन दत्त जैसे विद्वान व्यक्ति ईसाई हो गये थे।" मैंने कहा, "और वही हिन्दू धर्म था, जिसके स्वरूप का बखान कर स्वामी विवेकानन्द ने सारे विश्व में इस धर्म के श्रेष्ठ होने का डंका पीट दिया था। यह तो देखनेवाले की दृष्टि का अन्तर है। तुम बुद्धि का प्रयोग करो। दुर्बुद्धि का प्रयोग कर दोषदर्शन क्यों करते हो?"

"आज बहुत शेर बने हो," उसने फूत्कार किया, "कल जब तुम्हारी भी किसी रचना पर दंगा होगा तो क्या करोगे? उनको आदत पड़ गयी तो वे किसी को नहीं छोड़ेंगे।"

मुझे एक पुरानी घटना याद हो आयी। हमारे कॉलेज में एक अध्यापक आठ वर्षों से नहीं आ रहे थे। उन्होंने कहीं और नौकरी कर ली थी किन्तु कॉलेज से त्यागपत्र वे देना नहीं चाहते थे। आठ वर्षों की प्रतीक्षा के पश्चात् अन्त में हारकर कॉलेज की प्रबन्ध समिति ने उनकी नौकरी समाप्त करने का निश्चय किया। हमारे एक सहयोगी बहुत तड़प रहे थे और चिल्ला-चिल्लाकर कह रहे थे, "प्रबन्ध समिति को कोई अधिकार नहीं है कि वे किसी की नौकरी

समाप्त करे। वे आज उसकी नौकरी समाप्त कर रहे हैं, उन्हें अधिकार मिल गया तो कल वे तुम्हारी नौकरी भी समाप्त कर देंगे।"

"यदि मैं आठ वर्षों तक कॉलेज न आऊँ तो वे मेरी नौकरी समाप्त कर दें। कोई हानि नही है।" मैंने कहा था।

आज रामलुभाया वैसी ही धमकी लिये मुझे चुनौती दे रहा था।

"रामलुभाया! जब मुम्बई में नाथूराम गोडसे सम्बन्धित नाटक का मंचन बन्द करवा दिया गया था तो तुमको अभिव्यक्ति की स्वतन्त्रता क्यों याद नहीं आयी थी? क्या बात है कि तुम अपने पक्ष में सारे अधिकार रखना चाहते हो, और जब उन्हीं का प्रयोग दूसरा पक्ष करता है, तो तुम्हारे पेट में दर्द होने लगता है।" मैंने कहा, "और जहाँ तक मेरी अभिव्यक्ति की स्वतन्त्रता का प्रश्न है, भगवान् से मेरी नित्यप्रति यह प्रार्थना है कि यदि मैं अपने धर्म, संस्कृति और राष्ट्र का अपमान करने लगूँ तो लोग क्यों, भगवान् ही मेरी कलम छीन लें।"

बन्दी

मैं अच्छा-भला रामलुभाया के घर आया-जाया करता था। न कोई रोक-टोक थी, न टोका-टाकी। पर अकस्मात् ही वह बड़ा आदमी हो गया। मुझे बड़ी प्रसन्नता हुई कि वह बड़ा आदमी हो गया है। शायद उससे लगा मैं भी कुछ बड़ा आदमी हो जाऊँ। कुछ लोगों ने मुझे बड़ा आदमी मान भी लिया।

मैंने रामलुभाया को फोन किया। सोचा कि उसे फोन पर बधाई दे दूँ और मिलने का कोई समय भी तय कर लूँ। मिठाई तो मुझे खानी ही थी। अपने किसी परिचित की उपलब्धि पर उसे बधाई भी न दी जाये, यह कैसे हो सकता है।

फोन बहुत व्यस्त था। बड़ी कठिनाई से मिला। पर मिल गया।

"हैलो।" फोन उठानेवाले ने कहा।

"हरि ओम्।" मैंने उत्तर दिया।

"यह क्या बदतमीजी है।" उधर से कहा गया।

"बदतमीजी नहीं है, भगवान् का नाम है।" मैंने कहा, "यह मेरा और रामलुभाया का गोपनीय सम्भाषण संकेत है।"

"आप कौन बोल रहे हैं?" इस बार बड़े शिष्ट भाव से पूछा गया।

"मैं नरेन्द्र कोहली बोल रहा हूँ।"

थोड़ी देर मौन रहा फिर स्वर आया, "आप कौन हैं?"

मेरी समझ में नहीं आया कि रामलुभाया ने ऐसा अनजाना नौकर क्यों रख लिया है, जो उसके परिचितों को नहीं जानता।

"नरेन्द्र कोहली हूँ।" मैंने पुनः कहा।

"वह सुन लिया।" उसने कहा, "पर हमारी वी.आई.पी. लिस्ट में आपका नाम नहीं है। इसलिए पूछ रहा हूँ कि आप कौन हैं।"

"तो मेरी ही सूची में आपका नाम कहीं है।" मैंने हँसकर कहा, "रामलुभाया को फोन दीजिये। उसकी सूची में मेरा नाम है।"

"जरा तमीज से बात कीजिये।" वह बोला, "रामलुभायाजी कहिये।"

"तुम कौन हो भाई!" मैंने पूछा।

"मैं उनके ऑफिस से बोल रहा हूँ।" उसने कहा, "उनको फोन देने से पहले, यह जानना मेरा काम है कि उनसे कौन बात करेगा।"

"मुझे तुमसे बात नहीं करनी है।" मैंने कहा, "रामलुभाया को फोन दो।"

"तुम्हारे बाप का नौकर नहीं हूँ।" उसने अकड़कर कहा, "सीधे से बताओ, तुम कौन हो।"

"मेरे बाप के नौकर नहीं हो, पर रामलुभाया के नौकर तो हो। उसको फोन दो। मुझे तुम्हारे मालिक से बात करनी है।"

"मेरी अनुमति के बिना तुम उनसे बात नहीं कर सकते।" उसने कहा।

"मैं उससे बात नहीं कर सकता किन्तु वह तो मुझसे बात कर सकता है। उसे फोन दो। वह मुझसे बात कर ले।"

"यह भी मेरी अनुमति के बिना सम्भव नहीं है।"

रामलुभाया फोन पर नहीं आया। फोन काट दिया गया।

उसके पश्चात् मैंने जब भी फोन किया, किसी-न-किसी नौकर ने फोन उठाया और मुझे रामलुभाया से बात नहीं करने दी। मुझे बड़ा कष्ट हुआ, रामलुभाया के घर में नौकर मालिक से भी अधिक महत्त्वपूर्ण हो गये थे। और कितने स्वेच्छाचारी थे कि अपने स्वामी को अपने मित्र से बात भी नहीं करने दे रहे थे। न मैं कुछ कर सकता था, न रामलुभाया।

मैंने बधाई का पत्र लिखा। फोन पर न सही, पत्र के माध्यम से तो सम्पर्क हो जायेगा।

पत्र का उत्तर आया। किसी नौकर ने मेरा धन्यवाद किया था। उसने अपने ही हस्ताक्षरों से उत्तर भेज दिया था। मुझे बड़ा क्रोध आया। मैंने पुनः बधाई भेजा। साथ ही लिखा कि वह कम-से-कम अपने हस्ताक्षरों से उत्तर दे। इस बार उत्तर आया तो उसमें हस्ताक्षर तो रामलुभाया के ही थे किन्तु वह रबर का ठप्पा था। मैं समझ गया कि मेरी बधाई रामलुभाया तक नहीं पहुँची है। मैं मिलने भी जा सकता था किन्तु साहस ही नहीं हुआ। जो मुझे उससे फोन पर बात नहीं करने देते, वे मुझे उससे मिलने कहाँ देंगे।

अन्ततः मैंने कहीं से एक निमन्त्रण प्राप्त किया। समारोह रामलुभाया के घर पर ही था। मैं प्रसन्न हो गया। अब कोई कैसे रोक लेगा?

मैं बड़ी तत्परता से उसके घर पहुँचा। पर घर अब पहले जैसा नहीं था। अनगिनत सिपाही खड़े थे।

"क्या काम है?"

"उन्होंने मुझे बुलाया है।"

"कार्ड दिखाओ।"

मैंने कार्ड, दिखाया। उन्होंने मेरी तलाशी ली। मेरी जेबें उलटवायीं। पंक्ति में खड़ा रखा। दस बार चलाया और दस बार रुकवाया। कितनी ही बार मन हुआ कि इस प्रकार अपमानित होने से अच्छा है कि घर लौट चलूँ किन्तु रामलुभाया से मिलने की इच्छा लिये मैं धैर्यपूर्वक खड़ा रहा। अन्ततः उसके नौकरों ने ले जाकर मुझे एक बाड़े में भीड़ के साथ बैठा दिया।

वैसे ही कुछ नौकर उसे घेरकर घर से बाहर लाये और उससे भाषण करने का अनुरोध किया। वह भाषण कर उसी प्रकार नौकरों से घिरा हुआ लौट गया। मैं अपने स्थान पर बैठा ही रह गया। सोचा, अब उसके घर आया हूँ तो उससे मिल ही लूँ। मैं घर के भीतर जाने लगा तो सिपाही ने रोक लिया।

"कहाँ जा रहे हैं? बाहर जाने का मार्ग उधर से है।"

"जानता हूँ।" मैंने कहा, "किन्तु मुझे रामलुभाया से मिलना है।"

"नहीं मिल सकते।" उसने कहा, "वे ऐसे मिलने लगे तो हो लिया।" मैं समझ गया कि बड़ा आदमी बनकर मनुष्य नौकरों का बन्दी हो जाता है। वह नौकरों को आदेश नहीं देता, उसके नौकर उसे आदेश देने लगते हैं। मैं साधारण आदमी हूँ पर मेरा कोई नौकर मुझे मेरे आत्मीयजनों से दूर नहीं कर सकता। जो लोग अपने आत्मीयजनों से तंग आ जाते हैं, वे ही बड़े आदमी बनकर अपने नौकरों के बन्दी होकर आत्मीयजनों से छुटकारा पा लेते हैं। मुझे ऐसा बड़ा आदमी नहीं बनना है।

जनतन्त्र

भोलाराम बहुत जल्दी में था। वह हाथ में डंडा और झंडा लिये भागा जा रहा था।

"कहाँ जा रहे हो भोलाराम?" मैंने पूछा।

"स्टेशन।"

"गाड़ी पकड़नी है?"

"नहीं! रेलगाड़ी में आग लगाने जा रहा हूँ।"

"क्यों?" मैंने पूछा, "बेचारी रेलगाड़ी ने तुम्हारा क्या बिगाड़ा है? वैसे भी वह देश की सम्पत्ति है।"

"तो देश ने बिहार में हमारे दल की सरकार क्यों नहीं बनायी?" वह बिगड़कर बोला, "हमारी सरकार नहीं बनेगी तो हम देश में आग लगा देंगे।"

"यह तो कोई जनतन्त्र न हुआ।" मैंने कहा, "जो विधायक चुनाव में जीतकर आये हैं, वे सब विधानसभा में होंगे। वे वहाँ यह निर्णय कर सकते हैं कि बहुमत किसका है, उसी दल की सरकार बने।"

"हम तो विधायक उन्हीं को मानते हैं, जो हमारे दल के हैं।" वह बोला, "हमारे दल के बाहर के लोग बेईमानी से आये हैं।"

"क्यों?" मैंने पूछा, "ऐसा कहने का कारण?"

"हमने सारे बूथों के चुनाव अधिकारियों को समझा दिया था कि भोट कैसे छापना है। जहाँ नहीं समझा पाये, वहाँ अपने लोगों को समझा दिया था कि बूथ लूटना कैसे है।" वह बोला, "ऐसे में किसी और दल का कोई आदमी जीत ही कैसे सकता है?"

मैं उसकी ओर देखता ही रह गया, बोला कुछ भी नहीं। शायद वह समझ नहीं रहा था कि वह क्या कह रहा है।

"इसलिए हमारे दल के बाहर का जो आदमी जीतकर आया है, वह बेईमानी से आया है।" भोलाराम बोला, "वह विधायक हैये नहीं। उसे न विधानसभा में बैठने का अधिकार है और न सरकार बनाने का। सरकार तो हमारे ही दल की बनेगी।"

"यह तो कोई जनतन्त्र न हुआ।" मेरे मुँह से निकला।

"हम जनतन्त्र को वहीं तक मानते हैं, जहाँ तक वह हमारे पक्ष में है।"

उसने कहा, "जहाँ वह हमारे विरुद्ध जाता है, वहाँ से हम जनतन्त्र विरोधी हो जाते हैं।"

"इसका अर्थ हुआ कि तुम देश के संविधान को नहीं मानते।"

"मानते हैं, किन्तु वहीं तक, जहाँ तक वह हमारे पक्ष में जाता है।" उसने कहा, "हमारा दल चुनाव जीते तो संविधान हमारे सिर माथे पर; किन्तु यदि हमारा दल चुनाव नहीं जीतता तो हम किसी और को सरकार बनाने नहीं देंगे।"

"इसका क्या अर्थ हुआ?"

"अर्थ तुम्हारी समझ में नहीं आता तो हम क्या करें।" वह बोला, "यहाँ भोटर लोग हमारे पक्ष में हैं। सारे भोटर हमारे हैं। तो फिर दूसरा कोई दल सरकार बना कैसे सकता है।"

"जिन लोगों ने तुम्हारे दल के विरुद्ध मतदान किया है, वे मतदाता नहीं हैं?"

"होंगे मतदाता, पर वे भोटर नहीं हैं।" वह बोला, "उ सब बाहर से लाये गये हैं। हमारे प्रदेश का भोटर तो वही है, जो हमारे दल को भोट दे।"

"जो तुम्हारे पक्ष में मत नहीं देता, उसे बिहार से निकाल दोगे?"

"निकाल क्यों देंगे।" वह प्रखर स्वर में बोला, "अरे उसे हम गंगाजी में डुबो देंगे।"

"तुम्हें मालूम है कि चीन में किसी ने रेलगाड़ी में आग लगायी थी, तो उसे मृत्युदंड दिया गया था?"

"दिया होगा।" वह लापरवाही से बोला, "अपने देश में उ सब नहीं होता। इहाँ तो केवल हम ही दूसरों को मृत्युदंड देते रहते हैं।"

"क्यों?"

"क्योंकि इहाँ एकतरफा यातायात है। वन वे टिरैफिक।"

"उन यात्रियों ने तुम्हारा क्या बिगाड़ा है, जो रेलगाड़ी में यात्रा कर रहे हैं।"

"बिगाड़ा? अभी कुछ बिगाड़ा ही नहीं है?" वह चिल्लाया, "इहाँ हमारे विरोधी दल की सरकार बन गयी है और वह रेल में यात्रा कर रहा है। उसे इहाँ आकर हमारे साथ मिलकर देश को आगी लगाना चाहिए या नहीं?"

"तुमको राज्य करने का विशेषाधिकार प्राप्त है क्या?"

"विशेषाधिकार? अरे हमारा तो जन्मे हुआ है राज करने के लिए।" उसने रुककर मेरी ओर देखा, "हम राज करेंगे तो प्रदेश का ही नहीं, सारे देश का रक्त पियेंगे। और राज करने नहीं दोगे तो..." उसने आग्नेय नेत्रों से मेरी ओर देखा, "तो सारे देश में आग लगा देंगे। हमारा तो जनतन्त्र यही है। और किसी जनतन्त्र को न हम जानते हैं, न जानना चाहते हैं। उ सब फासीवाद है।"

मल्हम

मुफ्ती साहब को मुख्यमन्त्री बने कुछ दिन हो गये तो रामलुभाया उनसे जा मिला, "क्या हो रहा है मुफ्ती साहब!"

"कुछ नहीं।" मुफ्ती साहब बोले, "कश्मीरियों के घावों पर मल्हम लगा रहा हूँ।"

"कौन से घाव? जो पाकिस्तान और आई.एस.आई. ने दिये हैं?"

"नहीं। उनका तो मुझे कोई पता नहीं है। उसका पता भारत सरकार और सेना को होगा।" मुफ्ती साहब बोले, "मैं तो उन घावों की बात कर रहा हूँ जो केन्द्रीय सरकार और फारुक अब्दुल्ला ने दिये हैं।"

रामलुभाया कुछ चकित रह गया। मुफ्ती साहब को तो पता ही नहीं था कि कश्मीर में पाकिस्तान भी कुछ कर रहा है।

"केन्द्र सरकार ने कौन से घाव दिये?" रामलुभाया ने पूछ लिया।

"अरे पकड़-पकड़कर बेचारे कश्मीरियों को जेलों में बन्द कर दिया। ...बेगुनाह, बेकसूर और भोले नादान कश्मीरियों के साथ ऐसा व्यवहार होना चाहिए क्या?" वे कुछ बिफरे हुए थे, "मैंने धीरे-धीरे उनको छोड़ना आरम्भ किया है। उसका बड़ा अच्छा अंजाम हो रहा है।"

"देख रहा हूँ।" रामलुभाया बोला, "सुबह केन्द्रीय रिजर्व बल के दस जवान मारे जाते हैं और सन्ध्या समय भारतीय सैनिक शहीद हो जाते हैं। क्या अच्छा अंजाम है?"

"देखो। झगड़े की बात मत करो।" मुफ्ती साहब बोले, "मैं कश्मीर का मुख्यमन्त्री इसलिए तो नहीं बना कि यहाँ केन्द्रीय रिजर्व फोर्स और भारतीय सेना की रक्षा करूँ। मेरा धर्म तो कश्मीर की सेवा करना है। इसलिए मैं कश्मीरी लड़कों को जेलों से मुक्त कर रहा हूँ। केन्द्र की केन्द्र जाने।"

रामलुभाया की स्मरणशक्ति उसकी सहायता को आयी, "केन्द्र की तो केन्द्र ही जानेगा। पर आप अपनी तो जानेंगे। जब आप केन्द्र में गृहमन्त्री थे तो आपकी पुत्री का अपहरण हुआ था और आपने कितने कट्टर आतंकवादी

छुड़वा दिये थे। और जब आप मुख्यमन्त्री बने तो पहले ही दिन अपनी बेटी के अपहरणकर्ता को मुक्त कर दिया। इसका क्या अर्थ है?"

"आपको इसका अर्थ समझ नहीं आता?"

"आता है।" रामलुभाया ने कहा, "आपका केवल एक ही लक्ष्य है।"

"क्या?"

"जिन हत्यारे आतंकवादियों को पुलिस और सेना के जवान अपने प्राणों पर खेलकर और अपने प्राण देकर पकड़ते हैं। आप उनको मुक्त कर देते हैं। वे जायें, और हत्याएँ करें। निरपराध और निर्दोष लोगों का और रक्त बहायें।"

"यह सब तो आपका प्रचारमात्र है।" मुफ्ती साहब बोले, "मैं तो इस देश में धार्मिक वातावरण बना रहा हूँ। अब देखिये न। यह रमज़ान का पवित्र महीना है और हमारे लड़के जेलों में पड़े रहें, यह कोई अच्छा लगता है? या फिर कश्मीर की पवित्र धरती पर रक्तपात होता रहे, यह कोई अच्छी बात है। पवित्र महीना तो शान्ति से बीतना चाहिए।"

"रमज़ान का पवित्र महीना है, यह तो मैं भी जानता हूँ किन्तु आपके वे तथाकथित लड़के रोज़ा रखने के लिए अक्षरधाम और रघुनाथ मन्दिर ही में क्यों पहुँच जाते हैं?" रामलुभाया कुछ तीखा होकर बोला।

"देखिये। आप दूसरों के मजहब का सम्मान करना सीखिये।" मुफ्ती साहब भी कुछ नाराज होकर बोले, "वे लड़के जेलों में रहेंगे तो रोज़ा कैसे रखेंगे? इबादत कैसे करेंगे?"

"मैं भी तो यही कह रहा हूँ।" रामलुभाया ने कहा, "दूसरों के धर्म का भी सम्मान करना सीखिये। रमज़ान का महीना है तो आपके वे लड़के–जिनके लिए आप एकतरफा युद्धविराम चाहते हैं–दूसरों से प्रेम करने के स्थान पर हथियार लेकर निहत्थे, निरपराध, निर्दोष और द्वेषहीन लोगों को मारने के लिए मन्दिरों में क्यों जा बैठते हैं?"

"देखिये, धार्मिक वातावरण...।" और सहसा मुफ्ती साहब पलटे, "आपका विचार है कि उन लोगों को मैं मन्दिरों में जाने के लिए कह रहा हूँ?"

"कह नहीं रहे। उन्हें खुला छोड़ रहे हैं कि वे जहाँ चाहें जायें, उत्पात मचायें, हत्याएँ करें, इस देश का वातावरण खराब करें, हिन्दुओं की भावनाएँ आहत कर, हिन्दू मुसलमानों को एक-दूसरे का शत्रु बनायें और अन्ततः इस देश को नष्ट करें।"

"देखिये, आप मुझ पर बेबुनियाद आरोप लगा रहे हैं।" वे बोले।

"यदि आप पर लगाये गये आरोप बेबुनियाद हैं तो फिर आरोपों की बुनियाद हो ही नहीं सकती।"

"आप फिर से कश्मीरियों के घाव ताज़ा कर रहे हैं।" मुफ्ती साहब कुछ-कुछ आपे से बाहर हुए।

"कल जिनकी लाशें उठी हैं, वे भी कश्मीरी ही थे; पर वे भारतीय भी थे।" रामलुभाया ने कहा, "आपके लिए जो कश्मीरी है, वह भारतीय नहीं होगा; किन्तु हम तो कश्मीर और भारत को एक ही मानते हैं।..."

"मैं अकेला नहीं हूँ। मेरे साथ कांग्रेस भी है।"

"मैंने कब कहा कि देश के अहित में कांग्रेस आपके साथ नहीं है?"

"आपकी ये बातें मेरी समझ में नहीं आतीं।" मुफ्ती साहब एकदम नादान हो गये।

"पर आपकी सारी बातें अब देश की समझ में आ रही हैं।" रामलुभाया ने कहा और उठकर चला आया।

सबसे बड़ा सत्य

रामलुभाया ने अपनी गर्दन ऊँची उठाकर सारी स्थिति का सिंहावलोकन किया और फिर एक बार पूरी निष्ठा से, विजयगर्व में उद्ग्रीव होकर, संसार का सवसे बड़ा वैज्ञानिक सत्य उद्घाटित कर ही दिया, "आजकल के बच्चे माता-पिता का कहना तो मानते ही नहीं।"

मेरे मन में एक कसक 'बेचारा रामलुभाया! इसका बेटा इसका कहना नहीं मानता। और इसी बेटे के लिए रामलुभाया ने अपना सारा जीवन गला डाला। न ढंग से नौकरी की, न खाया, न पहना। स्वयं दफ्तर न जाकर अथवा देर से जाकर, वह अपने बेटे को विद्यालय पहुँचाता था। वैसे तो दफ्तर में एक से बढ़कर एक धुरन्धर थे; किन्तु इतना बड़ा फाँकीबाज दूसरा कोई नहीं था। बेटे का परीक्षाफल ठीक रखने के लिए, रामलुभाया उसकी अध्यापिकाओं को यदाकदा मिलकर उनकी प्रशंसा करता रहता था। उनके सौन्दर्य और यौवन की अप्रत्यक्ष और शालीन प्रशंसा कर, उन्हें प्रसाधन का सामान भेंट करता रहता था। होली-दीवाली ही नहीं क्रिसमस और ईसा के नव वर्ष पर भी वह उनके घर मिठाई पहुँचाता था। बेटे के प्रिंसिपल के घर जाकर उसे कोई-न-कोई मूल्यवान भेंट अवश्य दे आता था। उसके कुत्ते के लिए भी 'कुकुर भोजन' ले जाना कभी नहीं भूलता था।...

और अब जब उसका बेटा बड़ा हो गया है, वह बाप का कहना ही नहीं मानता। ठीक कहा है बाबा तुलसीदास ने, "अन्तहि ताहि तजेंगे पामर! जो न तजे तू अबहिं ते।"

पर अपनी संवेदना को द्रवित होकर और आगे बहने से पहले ही मैंने तथ्यों की पुष्टि कर लेना उचित समझा।

"राजू तुम्हारा कहना नहीं मानता?" मैंने कुछ इस ढंग से पूछा कि उसे वह जिज्ञासा ही लगे, आरोप नहीं।

"राजू!" रामलुभाया ने कुछ चकित भाव से मेरी ओर देखा, जैसे वह समझ ही न पा रहा हो कि मैं किसके विषय में पूछ रहा हूँ। फिर जैसे आदमी धीरे-धीरे होश में आता है, वह भी होश में आया, "कौन राजू! मेरा बेटा? अरे

उसके समान आज्ञाकारी तो श्रवणकुमार भी नहीं था। उसे तो एक बार मालूम हो जाना चाहिए कि उसके माता-पिता की क्या इच्छा है, उससे बाहर तो वह जा ही नहीं सकता।"

मुझे कुछ सन्तोष हुआ। स्थिति उतनी बुरी नहीं थी, जैसीकि मैंने समझ ली थी। खैर...

तब मेरा ध्यान अपने परिवार की ओर चला गया।

"मेरा बेटा भी मेरी और अपनी माँ की कोई बात नहीं टालता।" मैंने कहा, "उसकी अपनी इच्छा न भी हो, तो भी माता-पिता की इच्छा को अपना धर्म मानकर वह उसे पूरा करता है।"

"नहीं! तुम्हारे बेटे को तो मैं जानता हूँ।" रामलुभाया ने कहा, "वैसा आज्ञाकारी पुत्र मिलना मुश्किल है।"

अब स्थिति मेरे नियन्त्रण से बाहर हो चुकी थी। मैं कुछ भड़ककर बोला, "तो फिर वे कौन से बेटे हैं, जिनकी चर्चा तुम कर रहे थे?"

"यार, लोगों के बेटे।"

"यहाँ पर जितने लोग बैठे हैं, उनमें से कोई 'लोग' हैं या नहीं?" मैंने कहा, "तुम बता सकते हो कि इनमें से किसका बेटा उसका कहना नहीं मानता? या इनमें से कोई यह स्वीकार करेगा कि उसका बेटा उसका कहना नहीं मानता?"

सब ओर सन्नाटा ही था, जैसे वे कह रहे थे कि उनके बेटे तो उनकी आज्ञा मानते हैं। किन्तु रामलुभाया ने न तो कोई प्रमाण दिया और न ही अपने वक्तव्य से टला। मैं अच्छी तरह समझ रहा था कि बेटों का प्रसंग तो उसकी एक आड़मात्र थी, मूल लक्ष्य तो स्वयं को एक मौलिक और गम्भीर चिन्तक के रूप में स्थापित करना था। उसका बेटा उसकी आज्ञा मानता था या नहीं, मुझे ज्ञात नहीं है; किन्तु इतना मैं अवश्य जानता हूँ कि रामलुभाया ने जीवन-भर कभी अपनी अन्तरात्मा की आज्ञा नहीं मानी।

सूचना

समाचार वाचिका काफी देर से बता रही थी कि संसद भवन पर आतंकवादी आक्रमण हुआ है। पर बेचारी कई बार कहने के बाद कि छह आतंकवादी मारे गये हैं, अब कह रही थी कि नहीं छह तो पुलिसकर्मी थे, जिनमें एक माली था। आतंकवादी तो पाँच ही मरे हैं।

मैं बड़ा विक्षिप्त हो रहा था कि आखिर बात क्या है। जिस प्रकार वह समाचार दे रही थी, उसमें तो हमारे पुलिसकर्मियों, मालियों और आतंकवादियों का भी अन्तर नहीं किया जा रहा था। इस प्रकार तो अभी थोड़ी देर में वह कह देगी कि उसे क्षमा किया जाये। उसे अभी-अभी सूचना मिली है कि मारे गये बारह के बारह पुलिसकर्मी थे, जिनमें कुछ माली का काम करते थे, या फिर बारह के बारह माली थे, जिनमें से कुछ पुलिस का काम करते थे, किसी व्यक्ति के भ्रम के कारण उनमें से पाँच को आतंकवादी मान लिया गया था। मैं झल्लाकर टी.वी. बन्द करने ही जा रहा था कि उसने कहा, "हम कुछ ताज़ा सूचनाओं के लिए आपको संसद भवन लिये चल रहे हैं, जहाँ हमारे प्रतिनिधि, अभी भी संसद के बाहर मौजूद हैं।" मौजूद शब्द पर वाचिका का इतना बल था कि हम कहीं यह न मान लें कि वे प्रतिनिधि शहीद हो चुके हैं।

मैं रुक गया, देख लूँ क्या नया समाचार है। ऐसा न हो कि यह कोई महत्त्वपूर्ण सूचना दे दे और मैं उससे वंचित ही रह जाऊँ। ऐसी वंचना मुझे बहुत खलती। सम्भव है कि कुछ ऐसा हुआ हो, जिससे मुझे जान का प्रकाश भी मिले और मन की शान्ति भी।

टी.वी. पर एक नया चेहरा उभरा था, जो संसद के बाहर खड़े उस चैनल के प्रतिनिधि का था।

"शैलेश! आप लाइन पर हैं।"

"हूँ न मधूलिका।"

"आप बता सकते हैं कि क्या आपको कोई ऐसी जानकारी है या क्या आप मान रहे हैं या क्या वहाँ यह कहा जा रहा है कि संसद पर यह आक्रमण एक सोची-समझी साजिश का नतीजा है।" वाचिका ने पूछा।

शैलेश तीन बार हकलाये और तीन बार उन्होंने खँखारा और जितनी भ्रष्ट हिन्दी में सम्भव था, भाषा को उससे भी कुछ अधिक भ्रष्ट कर बोले। (मैं

उनकी भाषा का ठीक वैसे ही उद्धृत कर माता सरस्वती को रुष्ट करना नहीं चाहता; इसलिए अपनी बाध्यता के अनुरूप उसे कुछ शुद्ध कर लिख रहा हूँ। आप यह मान लें कि किसी अहिन्दी भाषी प्रदेश का चौथी कक्षा का लड़का जैसी हिन्दी बोलेगा, वैसी ही हिन्दी वे बोल रहे थे।)

उन्होंने पहले मधूलिका को सम्बोधित किया, उससे उनके मुँह में मिश्री घुल रही थी। वे बोले कि उन्होंने कुछ अत्यधिक महत्त्वपूर्ण राजनेताओं और पुलिस और सेना के कुछ हिमालय के समान उच्च अधिकारियों से बड़ी छानबीन की है और उनसे कुछ महत्त्वपूर्ण सूचनाएँ उगलवाने में समर्थ रहे हैं।

मधूलिका ने उन्हें टोक दिया। उन तथ्यों को जानने को वे भी उतनी ही आतुर थीं, जितनी हिन्दी कवियों की गोपियाँ श्रीकृष्ण के पत्र का विषय जानने को आतुर हुआ करती थीं : उझकि उझकि पद कंजनि के पंजनि पे, पेखि पेखि छाती छोहने सबैलगी। हमको लिख्यो है कहा, हमको लिख्यो है कहा, कहन सबन लगीं।।

शैलेश ने समाचार को कुछ इस रूप में कहा, जिसे विदेशी चैनल 'समाचार उद्‌घाटन' या 'ब्रेकिंग द न्यूज' कहते हैं। "उन्होंने मुझे बताया कि यह आक्रमण किसी सोची-समझी साजिश का हिस्सा मालूम पड़ता है।"

मैंने अपने माथे पर हाथ मारा। यह होती है पत्रकारिता। कैसे समाचार खोद लाये। ये न बताते तो हम यही समझते रहते कि वे आतंकवादी कनॉट प्लेस घूमने आये थे। (क्षमा कीजियेगा, राजीव चौक कहना चाहिए। नहीं तो एक पूरा राजनीतिक दल रूठ जायेगा। यह दूसरी बात है कि वह प्रसन्न कभी नहीं रहा।) वहाँ घूमते- घूमते वे जनपथ पर खरीददारी करने लगे। एक ने अपनी पत्नी के लिए चप्पलें खरीदीं, दूसरे ने अपनी माँ के लिए साड़ी और शेष ने अपने लिए जनाने-मर्दाने भीतरी कपड़े। वहाँ से चले तो वे राह भटककर संसद मार्ग पर आ निकले। सोचा, जब यहाँ तक आ ही चुके हैं, तो आकाशवाणी और दूरदर्शन भवन भी देख लें। उसे देखने के पश्चात उनका मन ललचा गया और वे संसद देखने चले आये।

संसद भवन में उनके घुसने की मनाही थी, क्योंकि उनके पास पाकिस्तानी सरकार का पास तो था, पर भारत ने अभी उन्हें यह अनुमति नहीं दी थी। तो उन्होंने अपने पास के रूप में हथगोले और ए.के. 47 दिखानी शुरू कर दी। उस देखा-देखी में ही बारह लोग लेट गये। अभी वे शव वहीं पड़े हैं, उठकर अपने-अपने घर नहीं गये हैं। मधूलिका चाहे तो आकर उन्हें स्वयं भी देख सकती है।

भला हो उस पत्रकार और उस समाचार वाचिका का कि उन्होंने इतने बड़े रहस्य से पर्दा उठा दिया, नहीं तो मैं भी लाहौर के अनारकली बाजार और दिल्ली के कनॉट प्लेस का भेद भूलता जा रहा था।

लज्जा का अपराधी

उस दिन रामलुभाया आया तो बहुत फूला हुआ था। उसकी चलने-फिरने, बैठने और बात करने की शैली कुछ ऐसी बदली हुई थी कि वह पहचाना ही नहीं जा रहा था।

"क्या बात है रामलुभाया?" मैंने पूछा।

"मैं यह गुंडागर्दी सहन नहीं कर सकता।" वह बोला, "मैंने उतार लिया खंडवा में और कर दिया पुलिस के हवाले। सड़ता रहे जेल में।"

"मैं कुछ समझा नहीं।" मैं बोला, "किसकी चर्चा कर रहे हो?"

"अरे एक आदमी लखनऊ से गाड़ी में चढ़ गया और वह भी वातानुकूलित डब्बे में। टिकट माँगी गयी तो कहता है कि टिकट नहीं है। जुर्माना माँगा तो कहता है कि पैसे नहीं हैं। उतरने को कहा तो लड़ने लगा।" वह बोला, "भोलाराम का डब्बा था। जानते ही हो कि वह डरपोक आदमी है। गिड़गिड़ाता रहा, उससे उतर जाने का निवेदन करता रहा। यहाँ तक कह दिया कि वह किसी और डब्बे में चला जाये। न वह माना, न भोलाराम कुछ कर सका। भोपाल में ड्यूटी बदली। वह डब्बा मेरे जिम्मे आया। भोलाराम ने सब कुछ बता दिया। मैंने सोचा, मैं मजा चखाता हूँ इस बेटिकटे को।"

"क्या किया तुमने?" मैंने पूछा।

"पहले तो मैंने भी ढंग से ही बात की।" वह बोला, "जब वह नहीं माना तो मैंने उसका कालर पकड़ लिया, पर उसने मेरी गर्दन पर हाथ रख दिया। मैंने सोचा, यह ऐसे नहीं मानेगा। कुछ टेढ़ी खीर है। बस खंडवा में पुलिस बुला ली और घसीटकर नीचे उतार लिया। अब पड़ा है जेल में। न टिकट के पैसे हैं और न खंडवा में वह किसी को जानता है। हद है भाई गुंडागर्दी की।"

"तुमने ठीक किया।" मैं उससे सहमत हो गया, "ऐसे लोगों के साथ कठोर होना ही पड़ता है।"

"मैं नहीं डरता किसी से।" उसका वक्ष कुछ और चौड़ा हो गया, "ऐसे डरने लगे तो हो गया हमारा काम। हमारा तो रोज ऐसे बदमाशों से पाला पड़ता है।"

अगले सप्ताह रामलुभाया फिर आया तो मैंने सोचा कि उससे पूछूँ तो सही कि उस बेटिकटे का क्या हुआ। पर उसका चेहरा देखकर कुछ पूछने का साहस ही नहीं हुआ।

रामलुभाया बहुत डरा हुआ था। उसने अपने मुख से तो नहीं कहा किन्तु उसकी आँखें जैसे निरन्तर कह रही थी, "मुझे कहीं छुपा लो।"

मैंने उसे बैठाया। पानी-वानी पिलाया। चाय लाकर दी। और पूछा, "क्या हुआ रामलुभाया! कुछ परेशान लग रहे हो।"

"अरे वह।" लगा कि उसके कंठ में कुछ अटक गया है। उसका स्वर कंठ से बाहर ही नहीं आ रहा था।

"क्या हुआ?"

"अरे वह बेटिकटा था न, जिसे मैंने खंडवा पर उतार लिया था।"

"हाँ, हाँ!" मैं बोला, "क्या हुआ उसका।"

"वह एक पूर्व मन्त्री का पुत्र निकला।"

"तो क्या हुआ।" मैं बोला, "बेटिकटा तो बेटिकटा है, पुत्र वह किसी का भी हो।"

"अरे नहीं, मन्त्री-वन्त्री का बेटा हो तो वह बेटिकटा नहीं रहता।" वह बोला, "उस बेटिकटे ने पुलिस के एक सिपाही को सौ रुपये के एक नोट के साथ लखनऊ का एक नम्बर थमा दिया। सिपाही ने उस नम्बर पर फोन कर दिया कि अमुक नाम का व्यक्ति यहाँ हवालात में है। आकर पैसे जमा कराओ और उसे छुड़ा लो।"

"तो?"

"वह नम्बर उसके पिता का था, जो भूतपूर्व मन्त्री भी है और एक राजनीतिक दल का नेता भी।" रामलुभाया बोला, "बस उत्तर प्रदेश और मध्य प्रदेश की सरकारों की घंटियाँ बज गयी। रेलवे बोर्ड जाग गया। सब अपनी भूल पर लज्जित हैं। सब हाथ जोड़-जोड़कर क्षमा माँग रहे हैं, किन्तु वह भूतपूर्व मन्त्री मान ही नहीं रहा। कहता है कि उसके पुत्र को पकड़ कैसे लिया। बेटिकट गाड़ी में ही तो चढ़ा था, किसी की हत्या तो नहीं की थी। अब छानबीन हो रही है कि उसको पकड़ा किसने।"

"उस पूर्व मन्त्री को लज्जा नहीं आयी कि उसका पुत्र एक अपराध में पकड़ा गया और हवालात में बन्द हुआ?" मैंने कहा, "तुम क्यों डरे हुए हो?"

"अरे मेरी नौकरी जायेगी।" वह बोला, "मेरे इस काम से रेलवे बोर्ड लज्जित है, दो-दो प्रदेशों की सरकारें लज्जित हैं।"

"पर यह तो कोई बात नहीं हुई।" मैं बोला, "लज्जित तो उस मन्त्री को होना चाहिए। उसे क्षमा माँगनी चाहिए और जुर्माना देकर अपने पुत्र को ले जाना चाहिए।"

"मन्त्री अपने पुत्रों के अपराधों पर लज्जित होने लगते तो देश इस दुर्दशा को क्यों प्राप्त होता।" रामलुभाया ने अपना सिर थाम लिया, जैसे वह फटने जा रहा हो।

हमरा को वोट दो

"जहानाबाद में पैंतीस लोग मार दिये गये।" मैंने कहा।

"तो क्या हो गया।" रामलुभाया ने कहा, "लोग हैं तो मरेंगे ही।"

"कमाल है।" मैंने कहा, "एक हत्या होती है तो इतना शोर मचता है। यहाँ पैंतीस आदमी मर गये हैं तो तुम कह रहे हो कि कोई बात ही नहीं है।"

"देखो," उसने मेरी ओर देखा, "अल्पसंख्यक आयोग कुछ नहीं कह रहा, इसका अर्थ है कि वे लोग मुसलमान या ईसाई नहीं थे। बहुजन समाजवाले कुछ नहीं कह रहे, जनता दलवाले कुछ नहीं कह रहे, साम्यवादी दल कुछ नहीं कह रहे, (सोनिया) गाँधीजी की कांग्रेस कुछ नहीं कह रही, समाचारपत्र कुछ नहीं कह रहे, बुद्धिजीवी कुछ नहीं कह रहे, कलाकार कुछ नहीं कह रहे, तो इसका अर्थ है कि न वे दलित थे, न वे दमित थे, न वे पिछड़े थे, न वे अन्य पिछड़े थे, न वे नवबौद्ध थे, न वे आदिवासी, वनवासी, गिरिवासी इत्यादि-इत्यादि लोग थे। वे तो वे लोग थे, जिनका मरना ही होता है। उनके मरने पर कौन शोक करता है।"

"कमाल करते हो रामलुभाया!" मैंने कहा, "पैंतीस पशु भी मार दिये जायें तो भी उसकी ओर ध्यान दिया जाता है। और यहाँ... ।"

"यहाँ क्या और वहाँ क्या।" उसने मुझे डाँट दिया, "मुख्यमन्त्री की बात की ओर ध्यान दो।"

'मुख्यमन्त्री उनकी ओर ध्यान दें।" मैंने कुछ खीजकर कहा, "मैं क्या ध्यान दूँ।

"देखो, अपने देश में पुलिस से लड़ता हुआ कोई डाकू भी घायल होता है तो सरकार उसका इलाज कराती है। उसको अथवा उसके घरवालों को कुछ धन इत्यादि देती है। यहाँ मुख्यमन्त्री उनके परिवारजनों को देखने भी नहीं गयी तो कोई कारण तो होगा ही।"

"क्या कारण है?" मैंने पूछा।

"तुमने उनका वक्तव्य नहीं पढ़ा?"

"नहीं।"

"पढ़ना चाहिए था।" रामलुभाया बोला, "वे अब तक की सबसे ईमानदार और सच्ची राजनीतिक नेता हैं। आज तक किसी भी प्रधानमन्त्री, मुख्यमन्त्री, अथवा मन्त्री ने ऐसा सच्चा वक्तव्य नहीं दिया होगा।"

"अरे वह वक्तव्य क्या है?" मैंने चकित होकर पूछा। यह तो ऐसे कह रहा था, जैसे राबड़ी देवी, महात्मा गाँधी से भी अधिक सच बोल रही हों।

"उन्होंने कहा है, 'हम उनको देखने क्यों जायें, वो कोई हमरा वोट देता है।" रामलुभाया ने कहा, "इतना सच बोलने का साहस है किसी में? साफ बात है, हम तो उसको ही देखने जायेंगे, जो हमको वोट देगा। मन्त्री लोग मनुष्य को देखने नहीं जाते, वे वोट को देखने जाते हैं। जहानाबाद में मरनेवाले, राबड़ी देवी के वोट नहीं थे, इसलिए वे उन्हें देखने नहीं गयी।"

"पर वे प्रदेश की मुख्यमन्त्री हैं।" मैंने कहा, "मुख्यमन्त्री तो सबका होता है।"

"हाँ! कर वसूलने के लिए वह सबका मुख्यमन्त्री होता है, किन्तु सहानुभूति तो उसको केवल अपने वोट से ही होती है।"

"यह तो लोकतन्त्र नहीं हुआ।" मैंने कहा।

"लोकतन्त्र हो या न हो। यह सत्य है। मैं तो उनके पारदर्शी हृदय की निर्मल वाणी पर मुग्ध हूँ। कितनी सच्ची महिला हैं। कोई लागलपेट नहीं। साफ कह दिया, जो हमरा वोट नहीं है, उसको मरवा देंगे और उसके परिवार को सान्त्वना देने भी नहीं जायेंगे।"

"इससे तो वहाँ विपक्ष बिल्कुल सुरक्षित नहीं है।" मैं डर गया।

"यही तो बताना चाहती हैं वे।" रामलुभाया बोला, "सुरक्षा उसकी, जिसका राज है। राज उसका है, जो उनको वोट दे। जो वोट नहीं देगा, उसकी हत्या।"

"ऐसे तो बिहार में किसी का भी रहना मुश्किल हो जायेगा।" मैंने कहा।

"रहने के लिए तो लालूजी का अपना परिवार ही बहुत है!" रामलुभाया बोला, "वे कब चाहते हैं कि कोई और बिहार में रहे।"

"पर यह तो अन्याय है।"

"अन्याय क्या होता है।" रामलुभाया ने सिगरेट सुलगा लिया, "मुहम्मद

अली जिन्नाह ने मुसलमानों के लिए पाकिस्तान प्राप्त किया तो वहाँ से उन सबको निकाल बाहर किया, जिन्होंने उसे वोट नहीं दिये थे। अब राबड़ी देवी और लालू भी वही कह रहे हैं, या तो वोट दो या फिर बिहार छोड़ दो। नहीं तो वही होगा, जो 1947 में पाकिस्तान में हिन्दुओं के साथ हुआ था।"

"यह बात है?" मैंने सहमकर कहा।

"तुम देखते नहीं हो, जैसे पाकिस्तान बनने पर वहाँ से लोग दिल्ली आये थे, वैसे ही इस समय बिहार से आ गये हैं और आ रहे हैं।" रामलुभाया ने बताया, "जिसको ईमानदारी से काम करना है, वह बिहार छोड़ दे। जिसको पढ़ना-लिखना है, वह बिहार छोड़ दे। जिसको रोटी कमानी है, वह बिहार छोड़ दे। जिसको लालूजी को वोट देना है, वही बिहार में रह सकता है।"

"न छोड़े तो?" मैंने पूछा।

"तो वही, जो जहानाबाद में हुआ है।" रामलुभाया बोला।

"यह तो अन्याय है।" मैंने कहा।

"कैसा अन्याय?" उसने चकित होकर मेरी ओर देखा, "सारी सेकुलर पार्टियाँ इसका समर्थन कर रही हैं। यह अन्याय कैसे हो सकता है।"

मैं चुप हो गया। साम्प्रदायिकता का समर्थन करने का साहस नहीं कर पाया।

तान्त्रिक लोकतन्त्र

रामलुभाया सरकारी दफ्तर में पहुँचा और बोला, "मुझे तीर्थयात्रा करनी है। कृपया मुझे सरकारी सहयोग दें।"

अधिकारी ने उसे देखा, "सरकारी सहयोग का क्या अर्थ?"

"तुम इस लोकतान्त्रिक देश में लोक की भाषा भी नहीं समझते?"

"हम तो समझते हैं।" अधिकारी बोला, "लोग ही हमारी भाषा नहीं समझते। तुम ठीक से बताओ, तुम्हें क्या चाहिए? व्यर्थ बकवास मत करो और करनी ही है, तो अंग्रेजी में करो। वह विधानसम्मत है।"

"पर इस देश की भाषा हिन्दी है।"

"भ्रम है आपका।" अधिकारी बोला, "जब तक नागालैंड इसके विरुद्ध है, आपके देश की भाषा हिन्दी नहीं हो सकती।"

"यह कैसा लोकतन्त्र है।"

"यह नेहरू मार्का लोकतन्त्र है। इसमें ऐसे ही चमत्कार होते हैं।"

"छोड़ो उसे।" रामलुभाया ने कहा, "मुझे सरकारी ग्रांट चाहिए।"

"तीर्थयात्रा के लिए सरकारी ग्रांट?" अधिकारी बोला, "नहीं मिल सकती।" और सहसा जैसे उसे कुछ स्मरण हो आया, "कहीं तुम सब्सिडी तो नहीं माँग रहे?"

"वही दे दो।" रामलुभाया ने कहा, "शब्द में क्या रखा है।"

"शब्द में ही सब कुछ रखा है।" अधिकारी बोला, "शब्द बदल जाने पर यहाँ सब कुछ बदल जाता है। जो काम धर्म के नाम पर नहीं हो सकते, वे धर्मनिरपेक्षता के नाम पर होते हैं।"

"तो तुम सब्सिडी ही दे दो।" रामलुभाया ने कहा, "मुझे तीर्थयात्रा पर जाना है, शब्दकोष नहीं रचना।"

"तीर्थयात्रा के लिए सब्सिडी नहीं मिलती।" अधिकारी ने पूछा।

"पर जमालुद्दीन को तो मिली है।" रामलुभाया ने कहा, "उसने मुझे स्वयं बताया है।"

"तभी तो कह रहा हूँ कि शब्द से सब बदल जाता है।" अधिकारी ने कहा, "जमालुद्दीन तीर्थ करने नहीं, हज करने गया था।"

"पर मैं हिन्दू हूँ। हज करने नहीं जा सकता।"

"तुम्हारी इच्छा।" अधिकारी बोला, "सब्सिडी तो हज करने से ही मिलेगी।"

"तुम मुझे धर्म-परिवर्तन के लिए उकसा रहे हो। वरन् प्रलोभन दे रहे हो।"

"नहीं! मैं ऐसा कुछ नहीं कर रहा हूँ। मैं तो संविधान का पालन कर रहा हूँ।"

"यह एक लोकतान्त्रिक देश है न?" रामलुभाया ने पूछा।

"है।"

"यहाँ सबको समान अधिकार हैं?"

"यदि आरक्षण न हो तो हैं।"

"और यह धर्मनिरपेक्ष देश भी है?"

"है।"

"तो एक धर्मनिरपेक्ष देश धर्मान्तरण के लिए उत्कोच क्यों दे रहा है?"

"लोकमत ने इसे स्वीकार किया है।" अधिकारी बोला, "अब लोकतन्त्र में लोकमत की अवहेलना तो नहीं की जा सकती।"

"अल्पसंख्यक क्या इस देश में नहीं रहते?" रामलुभाया कुछ उत्तेजित हो गया, "उन्हें संविधान से ऊपर अधिकर कैसे हैं?"

"अल्पसंख्यक देश की धरती पर नहीं रहते, वे संविधान के पृष्ठों में रहते हैं।" अधिकारी बोला, "जब तक संविधान में वे आलेख हैं, तब तक इस लोकतन्त्र में बहुमत के विरुद्ध अल्पमत को ये अधिकार हैं।"

"अच्छा।" रामलुभाया ने हारकर कहा, "मुझे अपना विश्वविद्यालय खोलने को लिए, अपनी ढंग की शिक्षा देने के लिए सरकारी सहयोग दो।"

"क्यों वर्तमान विश्वविद्यालयों में क्या बुराई है?"

"वे मेरे बच्चों को अभारतीय बनाये दे रहे हैं और उससे वे अहिन्दू होते जा रहे हैं। मैं उन्हें अपने धर्म और संस्कृति की शिक्षा दूँगा।"

"सम्भव नहीं है।" अधिकारी बोला, "शिक्षा प्रदेश सरकार के अधिकार क्षेत्र में है। वहाँ कोई और हस्तक्षेप नहीं कर सकता।"

"तो मौलाना हक़ कैसे अपना मदरसा खोल रहे हैं।" रामलुभाया ने कहा,

"उन्हें यह अधिकार किसने दिया?"

"वे अल्पसंख्यक हैं। उन्हें यह अधिकार है।"

"उन्हें यह अधिकार किसने दिया?"

"लोकमत ने।"

"लोकमत तो मैं हूँ। मैंने तो किसी को इस प्रकार के विशेषाधिकार नहीं दिये कि वह इस देश के धर्म और संस्कृति को नष्ट कर दे।"

"लोक तो तुम हो किन्तु उन्हें यह अधिकार कुछ संविधान ने दिया, कुछ अल्पसंख्यक आयोग ने दिया, कुछ मानवाधिकार ने दिया।" अधिकारी बोला।

"इस देश में बहुसंख्यक आयोग कब बनेगा?" रामलुभाया ने हताश होकर पूछा।

"कभी नहीं।"

"क्यों?"

"उससे तो यह देश फिर सचमुच लोकतान्त्रिक हो जायेगा।" अधिकारी तड़पकर बोला।

"तो उसमें दोष क्या है?"

"कमाल है मिस्टर रामलुभाया!" अधिकारी बोला, "आप तो एक तान्त्रिक देश को लोकतान्त्रिक देश में बदलना चाहते हैं। जिनका तन्त्र आप तोड़ना चाहते हैं, वे क्या आपको ऐसा करने देंगे। वे तान्त्रिक मूठ नहीं चलायेंगे आप पर?"

उद्यम

पति पुस्तक पढ़ रहा था। पत्नी ने दो-तीन बार उसकी ओर देखा; किन्तु पति ने अपनी दृष्टि पुस्तक से नहीं हटाई तो बोली, ''अपने कपड़े धो लेते। या अभी धुले हुए कपड़े हैं?''

''नहीं!'' पति ने पुस्तक पर से अपनी आँखें हटाईं और पत्नी पर टिका दीं, ''भीतरी कपड़ों के जितने जोड़े लाया था, वे आज तक के लिए ही थे। अब तो धोने ही होंगे।''

''तो उठो। धो लो।''

''अभी जरा पढ़ लेने दो।'' पति ने कहा, ''मैं धो लूँगा। तुम चिन्ता मत करो।''

पति फिर पढ़ने में व्यस्त हो गया।

पत्नी ने दो-तीन बार उसकी ओर देखा, पर पति व्यस्त था। अन्ततः पत्नी उठी, ''मैं ही धो देती हूँ। तुम्हें पढ़ने में समय कहाँ मिलेगा।''

''नहीं! रहने दो। मैं धो लूँगा।'' पति ने कहा, ''तुम्हारी पीठ का दर्द तंग करेगा।''

''नहीं! ऐसा भी क्या है।'' पत्नी उठी, ''दो जोड़े कपड़े फटकने में पीठ क्या कहती है।''

पति ने कुछ नहीं कहा। नल चलने की ध्वनि से वह समझ गया कि पत्नी ने अपना कार्य आरम्भ कर दिया है।

''सुनो जरा।'' थोड़ी देर में पत्नी ने पुकारा।

''क्या है?''

''हाँ आओ।''

पति ने हार कर पुस्तक रख दी। जा कर देखा : पत्नी ने साबुनचूर्ण पानी में घोलकर उसके कपड़े उसमें डाल दिए थे।

''यह मैंने कर दिया है।'' पत्नी ने कहा, ''मुझसे झुका नहीं जा रहा। ये कपड़े मल लो।''

''मैं कर लेता।'' पति ने मुँह ही मुँह में कहा।

पत्नी जा चुकी थी।

पति ने कपड़े मल लिए और पुकारा, ''कपड़े मल दिए हैं।''

''तो उन्हें पानी से निकाल कर सूखने के लिए पसार दो।''

पति क्या कहता। बैठ कर, कपड़े नितारे। निचोड़े और फिर सूखने के लिए फैला दिए।

लौट कर अपनी कुर्सी पर आया और पुस्तक उठा ली।

पत्नी चाय पी रही थी।

''उद्यम करने से काम हो ही जाता है।'' वह बोली, ''मैं व्यर्थ ही सोचती थी कि मैं कपड़े धो नहीं सकती।''

पति ने कुछ नहीं कहा।

''सोचती हूँ, चाय पी कर चार साड़ियाँ भी पानी से निकाल ही लूँ।''

पति की आत्मा काँप कर रह गयी। उसके मुँह से कोई आवाज़ ही नहीं निकली।

(16.6.2005)

किसके लिए?

हत्या सबके सामने हुई थी। सबने उसे देखा होगा। किसे? मृतक को! हत्यारे को। उस पिस्तौल और गोली को, जिसने उस जीवित मनुष्य को एक शव में बदल दिया था।...पर उससे क्या होता है। जिसने देखा है, जब तक वह न्यायमूर्ति के सामने यह साक्षी न दे दे कि हत्या उसके सामने हुई है, और उस साक्षी को न्यायमूर्ति सत्य न मान लें, तब तक वह साक्षी नहीं होती। उसके लिए आवश्यक है कि पुलिस, उसे साक्षी देने दे। जो साक्ष्य हैं, पुलिस उन्हें जुटाए और जुटा रहने दे। वह जुटाना न्यायमूर्ति को पर्याप्त लगे। यदि ऐसी साक्षी न हो तो कोई हत्या कैसे हो सकती है और कोई हत्यारा कैसे हो सकता है। पर वर्षों हो गये, हमारे यहाँ तो ऐसी ही हत्याएँ होती थीं। हत्या हो जाती है और हत्यारा कोई नहीं होता। क्योंकि किसी को हत्या का दंड नहीं मिलता। यह जादू का खेल है। कभी किसी को सूझा नहीं, नहीं तो सर्कस आदि के लिए यह बहुत अच्छा खेल था – आओ! बिना हत्यारे के हत्या देखो।

एक हत्यारा, एक छात्र के घर आता है। उसके साथ बलात्कार करता है। उसकी हत्या कर देता है। हाथ मुँह धो कर अपने घर चला जाता है। जाकर कहता है, "माँ! बहुत भूख लगी है। खाना दो।"

माँ प्यार से अपने राजदुलारे के लिए खाना परोस देती है।

पिता पूछते हैं, "कहाँ से आ रहा है?"

"वह एक लड़की थी। मुझे अच्छी लगती थी, पर मान नहीं रही थी। नखरा कर रही थी।" पुत्र कहता है, "आज निबटा दिया।"

"तो? इंक्वायरी नहीं होगी क्या?" पिता के स्वर में हल्की सी चिन्ता है, "किसी ने देखा तो नहीं?"

"वहाँ था तो कोई नहीं। घर में अकेली ही थी।" हत्यारा कहता है, "पर यदि कोई कहेगा कि उसने मुझे वहाँ आते जाते देखा है, तो उसे भी निबटा दूँगा।"

"और कोर्ट कचहरी?" पिता पूछते हैं।

"वह आप सँभालिए।" हत्यारा कहता है, "कोर्ट कचहरी में तो वह पहुँचेगा, जिसे आपकी पुलिस जाने देगी। यदि आपका अफसर कोई हथियार ही प्रस्तुत न करे, तो हत्या किससे हुई? हत्या कैसे हुई?"

"वैसे तो हम लाश ही प्रस्तुत न करें, तो हत्या हुई किसकी?" पिता मुसकराए, "तो फिर हत्या हुई ही नहीं।"

पर मामला उछल गया। कुछ समाचारपत्रों ने सँभाला, कुछ टी. वी. चैनलों ने। राजनीति का भी हस्तक्षेप हो गया। न्यायमूर्ति बिक नहीं पाए। उन्होंने जरा कड़ा रुख अपनाया, "हत्या हुई है, तो हथियार भी होगा ही। हथियार प्रस्तुत करना पुलिस का काम है, मृतक का नहीं। तो पुलिस ने हथियार क्यों कब्ज़े में नहीं लिया?"

"सर! हथियार भी था और हत्यारा भी। पर हमने ही उन्हें आपके सामने प्रस्तुत नहीं किया।"

"क्यों? क्या यह पुलिस की ड्यूटी नहीं थी?"

"थी तो सर! पुलिस की ही तो ड्यूटी है। और किसकी है।"

"फिर!"

"सर! ऐसा है न!" पुलिस अधिकारी ने सिर खुजलाया, "हत्यारा पकड़ा जाता तो पुलिस की बदनामी होती। आखिर पुलिस वाले का ही तो बेटा है।"

"तो?"

"फिर आपके लिए परेशानी होती। आपको बाध्य हो कर, न चाहते हुए भी उसे दंडित करना पड़ता।"

"मैं टाँग देता उसे फाँसी पर।" न्यायमूर्ति ने कहा, "आपको पूरे सबूत और गवाह प्रस्तुत करने चाहिए।"

"छोड़िए न सर।" अफसर हँसा, "करने को तो हम कर देते। पर फिर सांसदों और विधायकों के लिए समस्या हो जाती। अब यह कोई अच्छी बात है कि देश के सम्माननीय विधायक और सांसद एकमत से प्रस्ताव पारित करें, कि अपराधी को छोड़ दिया जाए।"

"कैसा प्रस्ताव?"

"जैसा केरल की विधान सभा ने पारित किया है कि पचास से ऊपर लोगों की हत्या करने वाले आतंकवादी को मानवीय भावनाओं के आधार पर मुक्त कर दिया जाए।"

"हाँ! कठिनाई तो है।"

"तो सर! बस यही सोच कर, विधायकों और सांसदों और कभी-कभी मंत्रियों को इन छोटी मोटी कठिनाइयों से बचाने के लिए हम हत्यारों को पकड़ते नहीं हैं। पकड़ते हैं, तो साक्ष्य नहीं जुटाते। साक्ष्य जुटा देते हैं तो साक्षियों को कचहरी तक पहुँचने नहीं देते। वे कचहरी में आ जाएँ तो हम उन्हें सच नहीं बोलने देते। बस सर! इस देश के महान् राजनीतिज्ञों के कारण।"

"तुम सच कह रहे हो ऑफिसर।" न्यायमूर्ति भी ढीले पड़ गये।

(5.4.2006)

चक्रव्यूह

"बच्चो, क्या तुम जानते हो कि चक्रव्यूह क्या है?'' रामलुभाया ने आठवीं कक्षा में पूछा।

सारे बच्चों के हाथ खड़े हो गये। रामलुभाया चकित रह गया। यह वह कक्षा थी, जहाँ कोई भी इतिहास के प्रश्नों का उत्तर देने को तैयार नहीं होता था; और आज क्या हो गया था कि सारे के सारे बच्चे ही हाथ उठा रहे थे।

"तुम बताओ, भोलाराम।''

"चक्रव्यूह वह कानून है, जिसके अन्तर्गत मायावती, मनमोहन सिंह, सोनिया गाँधी, राहुल गाँधी और लालूप्रसाद यादव जैसे महारथी मिल कर वरुण गाँधी को कारागार में बन्द कर देते हैं और उसके परिवार के किसी भी व्यक्ति को भीतर जाकर उससे मिलने भी नहीं देते।''

"अरे नहीं। मैं उस चक्रव्यूह की बात कर रहा हूँ, जिसमें अभिमन्यु फँस गया था। महाभारत की कथा नहीं पढ़ी तुमने।'' रामलुभाया ने कहा।

"यह भी वही है सर।'' भोलाराम ने कहा, "वहाँ भी कौरवों ने हर प्रकार के अधर्म का सहारा लेकर पांडवों से उनके सारे अधिकार छीन लिए थे; कुरुकुल को बाँट दिया और जब भी पांडवों ने अपना अधिकार माँगा, तो उनको ही पापी ठहराने लगे।''

"पर हाँ तो वरुण गाँधी का पक्ष ही देश को बाँट रहा है। इसलिए उसपर रासुका लगाया गया है।'' रामलुभाया ने कहा, "देखो, कांग्रेस तो देश को जोड़ रही है।''

"यस सर।'' भोलाराम बोला, "1947 में भी कांग्रेस ने ही देश को जोड़ा था। वरुण का पक्ष तो तब था ही नहीं। देश के कुछ प्रदेशों को अपने देश से काट कर धर्म के नाम पर दूसरों को दे देना, देश को जोड़ना होता है सर? देश को जोड़ने के लिए कुछ भूमि चीन को भी दी थी।''

"तुम बहक रहे हो भोलाराम।'' रामलुभाया ने कहा, ''राहुल बाबा कहते हैं कांग्रेस ने सदा देश को जोड़ा है। वे झूठ नहीं बोलते।''

"हाँ सर। कांग्रेस ने आधा कश्मीर पाकिस्तान को दे दिया। उससे देश बँटा तो नहीं। सटा ही होगा।''

"वह राहुल बाबा के जन्म से पहले की बातें हैं।'' रामलुभाया ने कहा।

"ओह, तो राहुल बाबा को न अपने देश का इतिहास मालूम है, न अपने परिवार का।" भोलाराम ने कहा, "तो वे थोड़ा इतिहास पढ़ क्यों नहीं लेते।"

"उनके पास पढ़ने का समय नहीं है।" रामलुभाया ने कहा, "वे देश को जोड़ने में लगे हैं।"

"तभी तो भारत का अंग होते हुए भी कश्मीर हिन्दुओं के लिए नहीं है। लगता है, कि वहाँ भी देश बँटा नहीं है। जो यह कहते हैं कि वे कश्मीर में हिन्दुओं को घुसने नहीं देंगे, जो यह माँग करते हैं कि कश्मीर में पाकिस्तानी नोट चलने देने चाहिए, जो यह कहते हैं कि अमरनाथ यात्रा को बन्द कर देना चाहिए, क्योंकि उससे वहाँ का वातावरण भी प्रदूषित होता है और हिन्दुओं के आने से हिन्दू-मुस्लिम जन संख्या का सन्तुलन बिगड़ता है। उनपर तो किसी ने रासुका नहीं लगाया।"

"उन्होंने ऐसा कुछ तो नहीं कहा कि देश बँट जाए।" रामलुभाया ने भोलाराम को ललकारा।

"नहीं, उन्होंने ऐसा कुछ कहा नहीं, बस कर दिखाया।"

"तुम समझते नहीं हो भोलाराम। वह कांग्रेस ने नहीं किया।"

"नहीं, धारा 370 तो वरुण गाँधी ने लगा रखी है। कश्मीर से हिन्दुओं को निकाल देने का काम तो कांग्रेस के मित्रों ने कांग्रेस के साथ सरकार बना कर ही किया है। सर, आपको मालूम न हो, तो जान लीजिए कि कांग्रेस केवल उनकी ही मित्र है, जो देश को बाँटते हैं। इसीलिए अफजल गुरु को कांग्रेसी प्रादेशिक और केन्द्रीय सरकारें बचाए हुए बैठी हैं। वे अफजल से भारत को जोड़ने का काम लेना चाहती हैं। वह देश को जोड़ने वाला फेवीकोल है न।"

"कश्मीर की बात छोड़ो।" रामलुभाया कुछ आवेश में बोला।

"हाँ, कांग्रेस मानती है कि कश्मीर तो भारत में है ही नहीं। उसकी बात छोड़ो।" रामलुभाया बोला, "अच्छा देश में धर्म के नाम पर किसी एक समाज को विशेषाधिकार देने से देश जुड़ता है या बँटता है।"

"भारत एक धर्मनिरपेक्ष गणतन्त्र है।" रामलुभाया ने कुछ अकड़ कर कहा, "हाँ साम्प्रदायिक शक्तियों को देश बाँटने की अनुमति नहीं दी जा सकती।"

"तो फिर कांग्रेस को यह अनुमति क्यों है कि वह अल्पसंख्यक के नाम पर मुसलमानों को हज करने के लिए अरबों रुपये दे। वह धन देश के अन्य धर्मावलंबियों से छीन कर ही तो दिया जा रहा है। साम्प्रदायिक कौन है? आंध्र प्रदेश के कांग्रेसी मुख्यमन्त्री ईसाइयों को येरुशलम जाने के लिए सारी सुविधाएँ देने का प्रस्ताव कर रहे हैं। देश को धर्म के आधार पर कौन बाँट रहा है?"

"तुम तो बहुत साम्प्रदायिक हो भोलाराम।" रामलुभाया ने कहा।

"हाँ इस धर्मनिरपेक्ष देश में धर्म के नाम पर पृथक् शिक्षण संस्थान खोलने को साम्प्रदायिक नहीं कहा जाता। मदरसों को धन देने और उन्हें देश-निरपेक्ष शिक्षा देने को प्रोत्साहित करना देश को जोड़ने के लिए ही तो है। अल्पसंख्यक के नाम पर केवल एक धर्म के लिए सहस्रों छात्रवृत्तियाँ देना तो साम्प्रदायिक नहीं है।" भोलाराम बोला, "उससे देश जुड़ कर एक हो रहा है?"

"तुम बहुत उग्र हिन्दू लगते हो।" रामलुभाया को क्रोध आने लगा था।

"ठीक कह रहे हैं आप, क्योंकि हिन्दू के अधिकार की बात करने अथवा सारे देश के लिए एक ही कानून बनाने की चर्चा करते ही व्यक्ति उग्र हिन्दू या साम्प्रदायिक हो जाता है। यूरोपीय कार्टूनिस्ट और जॉर्ज बुश का सिर काट लाने वाले को पुरस्कार देने की घोषणा करने वाला तो उग्र मुसलमान या साम्प्रदायिक नहीं होता, वरुण गाँधी पर रोड रोलर चला देने की घोषणा करने वाला तो उग्र अथवा साम्प्रदायिक नहीं है। भारत के संसाधनों पर मुसलमानों का पहला अधिकार है, कहने वाला प्रधानमन्त्री साम्प्रदायिक नहीं है। देश पर समान आचार संहिता लागू करने की माँग करने वाला साम्प्रदायिक होता है। सर, आप लोगों में सोचने समझने की बुद्धि एकदम नहीं है क्या? अफीमची हैं पूरे आप लोग।"

"भोलाराम तुम हद से बढ़ रहे हो।" रामलुभाया लाल-पीला हो उठा।

"तो रासुका लगा कर मुझे कारागार में डाल दीजिए, क्योंकि ये सब तो तथ्य हैं, जिन्हें आपने काल कोठरी में डाल रखा है।" भोलाराम बोला, "सर, जब आपको होश आये तो ठंडे मस्तिष्क से सोचिएगा, तो आपको पता चलेगा कि इस देश में कांग्रेस से बढ़ कर साम्प्रदायिक पार्टी और कोई नहीं है। वह देश को धर्म और जातियों के नाम पर खंड-खंड कर के रहेगी।"

(8.4.2009)

तर्क

रामलुभाया ने नयी-नयी वकालत आरम्भ की थी। या तो कोई यजमान आता नहीं था या फिर कोई साधारण सा केस आ जाता था।

"साहब! इसने मेरी चप्पल चुरा ली है।"

"साहब! इसने मेरी साइकिल पंक्चर कर दी है।"

"साहब! इसने मुझ पर थूक दिया किन्तु थूक मुझ पर गिरी नहीं।"

पर आज एक तगड़ा केस आया था।

यजमान आकर सामने की कुर्सी पर बैठ गया और अत्यन्त स्पष्ट शब्दों में बोला, "अरे वकील! मैं जानते बूझते, सोच समझ कर एक हत्या कर आया हूँ। बोल क्या कहता है।"

रामलुभाया क्या कहता। इस प्रकार सामने एक हत्यारे को बैठा देख कर उसकी अपनी घिगी बँध गयी थी।

"क्या बोलूँ?"

"केस लेते हो?"

रामलुभाया के मन में आया कि कहे कि केस में रह क्या गया है। एक हत्यारा अपने मुँह से कह रहा है कि उसने हत्या की है। यह भी नहीं कह रहा कि हत्या हो गयी है। न यह कह रहा है कि क्रोध अथवा पागलपन में उसका हाथ उठ गया। वह तो सीधे-सीधे स्पष्ट शब्दों में कह रहा है कि उसने हत्या की है। पर ऐसा केस छोड़ना भी तो समझदारी नहीं है। पैसे भी तो उन ही लोगों से बनते हैं, जो अपराध करते हैं।

"बचने की सम्भावना तो बहुत कम है।" रामलुभाया के मुख से निकल ही गया।

"यह किसने कह दिया रे वकील तुझे।" वह बोला, "अपने को बचाना तो मेरा अपना काम है। वह तो मैं कर ही लूँगा। उसकी चिन्ता तू मत कर।"

रामलुभाया हैरान! यह पहला यजमान था जो उसे 'तू' कह रहा था। उसपर दावा कि वह स्वयं को बचा ही लेगा।

रामलुभाया ने साहस किया, "जब तुम स्वयं को बचा ही लोगे तो मेरे पास क्या करने आये हो?"

''अपने आप को बचा लूँगा, क्योंकि जज को तो पटा कर आ रहा हूँ। एक करोड़ दे आया हूँ। उसके बाप की मजाल है कि मुझे न छोड़े। एक करोड़ लेकर भी नहीं छोड़ेगा, तो उसके पेट में नौ इंच का चाकू, पूरा का पूरा घुसेड़ दूँगा।''

''तो फिर मेरे पास क्या करने आये हो?''

''अरे एक वकील तो चाहिए ही, मुकदमा लड़ने का नाटक नहीं होगा तो वह जज मुझे छोड़ेगा कैसे!''

"तो मेरे ही पास क्यों आये हो? एक से एक बढ़ कर अपराध-विशेषज्ञ बैठे हैं, जो फाँसी का फंदा लग जाने पर भी हत्यारों को छुड़ा लाते हैं।"

"क्योंकि तू सब से सस्ता वकील है।" यजमान सत्यवादी ही नहीं, स्पष्टवादी भी था।

रामलुभाया ने मुकदमा ले लिया। जब अपराधी को छुड़ाने का दायित्व उसका था ही नहीं तो फिर चिन्ता किस बात की?

मुकदमा आरम्भ हुआ। पुलिस भी ढीली थी और जज भी। स्पष्ट था कि हत्यारे से दोनों पैसा खा चुके थे।

रामलुभाया ने अपना वक्तव्य आरम्भ किया, "मेरे प्रभु! मेरा यजमान अपने मुख से स्वीकार कर रहा है कि उसने हत्या की है। उसका वकील होने के नाते मैं उसकी स्वीकारोक्ति का समर्थन करता हूँ। हत्या की तो कर दी, उसमें न कुछ छुपाने को है, न झूठ बोलने को। उसने हत्या की है। अतः आपसे नम्र निवेदन है कि यदि वह भविष्य में पुनः हत्या करे, तो चाहे उसे फाँसी दे दें, किन्तु उसका यह अपराध अनदेखा कर उसे ससम्मान मुक्त करें।''

न्यायमूर्ति ने चकित भाव से रामलुभाया को देखा, "देख वकील! छोड़ना तो उसे है ही, इसलिए नहीं कि वह निर्दोष है, वरन् इसलिए कि मैंने पैसे खाए हैं, पुलिस ने पैसे खाए हैं। हमारा संकल्प है कि यदि हम अपराधी से पैसे खा लेते हैं तो उसे दंडित नहीं करते। किन्तु तुम्हारा क्या तर्क हुआ कि इस बार छोड़ दें और यदि वह फिर हत्या करे तो चाहे उसे फाँसी दे दें। तुम अपने यजमान के बचाव के लिए कोई तर्क तो दे ही नहीं रहे। अनाड़ी कहीं के। हम तो उसे छोड़ ही देंगे, क्योंकि हम ने उससे पैसे खाए हैं; किन्तु तुम क्या कर रहे हो। उससे फीस ले कर भी उसके बचाव में कोई तर्क नहीं दे रहे। नालायक! तुम्हें वकालत के अयोग्य घोषित कर दूँगा।''

"महाप्रभु! मैं जो कुछ कह रहा हूँ, वह महत्वपूर्ण है। ध्यान से सुनिए।''

"सुना।''

"हमारी संसद में हमारे सम्माननीय सांसदों ने एक-दूसरे को गालियाँ दीं।

घूंसे मुक्के ताने।" रामलुभाया ने कहा, "माइक तोड़े, फाइलें पटकीं। लोकसभा के अध्यक्ष ने क्या कहा। उसे ध्यान से सुनिए प्रभु! उन्होंने कहा कि यदि अगली बार फिर से, पुनः कोई सांसद यह सब करेगा, तो उसे दंडित किया जाएगा।"

"तो?" न्यायमूर्ति हक्केबक्के बैठे थे।

"तो यह कि हमारी संसद की परम्परा है कि पहली बार अपराध करने पर किसी को दंड नहीं दिया जाता। दूसरी बार यदि अपराधी वही अपराध पुनः करे तो उसे दंडित किया जाता है अथवा दंडित करने की धमकी दी जाती है। यदि अपराधी दूसरी बार कोई दूसरा अपराध करे तो उसे उसका पहला अपराध माना जाता है। एक ही अपराध दो बार किया जाए तो उसे दंड योग्य माना जाता है। इसलिए यदि मेरा यजमान दूसरी बार उसी व्यक्ति की हत्या करे, जिसकी उसने पहली बार हत्या की है, तो ही आप उसे दंडित कर सकते हैं। अन्यथा मृत व्यक्ति से पैसा खा कर भी आप मेरे यजमान को हत्या का अपराधी घोषित नहीं कर सकते।"

"वकील! व्यर्थ का प्रलाप मत करो। आवश्यक नहीं कि जो कुछ संसद में हो, वही न्यायालय में भी हो।"

"यदि आप ऐसा नहीं करेंगे तो अपने देश की संसद का अपमान करेंगे।" रामलुभाया मुक्त कंठ से बोला, "देश का विधान बनाने का अधिकार संसद का है। उसके आदेश पर ही आप चलते हैं। संसद की परम्परा का पालन करना आपका धर्म है। यह संसद की व्यवस्था है कि एक ही अपराध दो बार किए जाने पर वह दंड योग्य होता है। आप उसका उल्लंघन कर के दिखाएँ, इसी न्यायालय में आप पर मैं मुकदमा ठोक दूँगा।"

जज प्रसन्न हो गया। बत्तीसी निकाल कर बोला, "रामलुभाया वकील के अकाट्य तर्कों के सम्मुख नतमस्तक होकर और संसद की परम्परा के सम्मुख बाध्य होकर मैं इस हत्यारे को मुक्त करता हूँ और पुलिस को आदेश देता हूँ कि यह हत्यारा यदि पुनः उसी व्यक्ति की हत्या करे, जिसे वह पहले मार चुका है, तो उसे तत्काल बन्दी बना कर हमारे सामने प्रस्तुत किया जाए। पुलिस को निर्देश है कि वह इससे पुनः रिश्वत न ले, अन्यथा वह एक ही अपराध को दुहराना माना जाएगा और उसके लिए पुलिस भी दंड योग्य मानी जाएगी।"

अगले दिन से रामलुभाया की वकालत जगमगाने लगी।

पकड़े गये

"आज के समाचार पढ़े?"

"कोई विशेष बात?" मैंने पूछा।

"अरे, आतंकवादियों के चार साथी पकड़े गये।" रामलुभाया प्रसन्न ही नहीं, बहुत ही उत्साहित भी लग रहा था।

मेरी भी तन्द्रा टूटी, "क्या गुलामनबी आजाद पकड़ा गया?"

"गुलामनबी आजाद? नहीं तो।" वह बोला, "उसका क्या काम?"

"तो कौन पकड़ा गया?" मेरी उत्सुकता सातवें आसमान पर थी, "मुफ्ती स्वयं या महबूबा मुफ्ती?"

"तुम पागलों के समान जाने किस-किस के नाम बोले जा रहे हो।" रामलुभाया कुछ परेशान सा होकर बोला, "मैं कह रहा हूँ कि आतंकवादियों के साथी पकड़े गये हैं।"

"मैं भी तो उन्हीं की बात कर रहा हूँ।" मैंने कहा, "तो यासीन मलिक पकड़ा गया होगा।"

"अरे नहीं। मैं उन सबकी बात नहीं कर रहा हूँ।" वह बोला, "मैं उनकी बात कर रहा हूँ, जिन्होंने आतंकवादियों की सहायता की थी।"

"अच्छा वे, जो उनके समर्थन में धरने पर बैठे थे?"

"नहीं।"

"तो अरुन्धती राय होगी, जिसने उनके समर्थन में एक लम्बा निबन्ध लिखा था।" मैं रुका, "या फिर उस पत्रिका का सम्पादक, जिसने वह निबन्ध छापा था।"

"तुम तो पागल हो एकदम।" रामलुभाया ने कुछ बिगड़ कर कहा, "तुम तो इतने बड़े-बड़े लोगों के नाम ले रहे हो...।"

"आतंकवादियों के साथी बड़े लोग होते हैं?" मैंने पूछा, "तो अपराधी कौन होता है?"

"अपराधी वह होता है, जो किसी की जेब कतर ले।"

"जो देश को कतर दे, वह अपराधी नहीं होता?"

"नहीं। वह नेता होता है।" वह बोला, "अपराधी वह होता है, जो किसी से रिश्वत ले।"

"और जो देश को तोड़ने के लिए, देश के शत्रुओं से लाखों करोड़ों रुपये ले, वह रिश्वत नहीं, मानदेय है? ऐसा काम करने वाला व्यक्ति अपराधी नहीं होता?"

"नहीं। वह मानवाधिकारवादी होता है।" रामलुभाया बोला, "अपराधी तो वह होता है, जो किसी की हत्या कर दे।"

"और जो बम फोड़वा कर सैकड़ों लोगों की हत्या करवा दे, वह अपराधी नहीं होता।"

"नहीं। वह तो सिद्धान्तवाचक होता है। अपराधी तो वह होता है, जो किसी को लूट लेता है।"

"और जो सैकड़ों लोगों के भाग्य को ही लूट लेता है, वह अपराधी नहीं होता?"

"नहीं। वह तो इतिहास-पुरुष होता है।" वह मेरी नासमझी पर हँस रहा था।

"तो फिर पकड़े कौन लोग गये हैं?"

"जिन्होंने आतंकवादियों की सहायता की थी।"

"अर्थात् तुम आतंकवादियों को नहीं पकड़ते, उनकी सहायता करने वालों को पकड़ते हो।"

"नहीं। पकड़ते तो आतंकवादियों को भी हैं, किन्तु फिर उन राक्षसों के पक्ष में बड़े-बड़े मानवीय तर्क उपस्थित करते हैं। उनकी सहानुभूति में सड़कों पर उतर आते हैं। धरने पर बैठते हैं, जुलूस निकालते हैं। आन्दोलन चलाते हैं। अन्ततः उनको छुड़वा लेते हैं।"

"तो अफजल को छुड़वाओगे? मदनी को छुड़वाओगे?"

"हाँ। फाँसी अच्छी बात नहीं है।"

"तो सतवन्तसिंह को फाँसी देने की क्या आवश्यकता थी? केहर सिंह को क्यों मृत्युदंड दिया था? और नाथूराम गोडसे को फाँसी पर क्यों लटकाया?"

वह एक क्षण को भी संकुचित नहीं हुआ, "क्योंकि सहानुभूति के पात्र तो केवल अल्पसंख्यक लोग हैं।"

"ठीक है। ठीक है। मैं जानता हूँ कि जिस दिन बहुसंख्यक लोग भी आतंकवाद के मार्ग पर चल पड़ेंगे, वे तुम्हारी सहानुभूति अर्जित कर लेंगे। तुम्हारी सहानुभूति या तो भय से उपजती है, या लोभ से। न्याय क्या होता है,

वह तुम जानते ही नहीं।'' मैंने कहा, "अब ये बताओ कि आतंकवादियों के कौन से साथी पकड़े गये हैं?''

"जिस मालिक मकान ने बिना यह जाने कि वे आतंकवादी हैं, उन्हें अपना मकान किराये पर दे दिया था और गली की नुक्कड़ पर साइकिल की मरम्मत वाला मिस्त्री, जो एक पुराने साइकिल का अच्छा मूल्य पा कर उनको साइकिल दे बैठा था।''

"यह तुम्हारा कैसा विधान है रामलुभाया?'' मैंने पूछा।

"यह तो राजनीति है।'' वह बोला और मुस्कराने लगा।

मछुवारा

उन्होंने अपना परिचय दिया, "मैं हूँ प्रोफेसर राजसिंह मछुवारा, पीएच. डी.,डी. लिट्.। यहाँ विश्वविद्यालय में आचार्य और विभागाध्यक्ष हूँ।"

मैंने उनसे हाथ मिलाया।

"आपके नाम के साथ यह मछुवारा कैसे जुड़ा हुआ है?"

"यह हमारी जाति है।" उन्होंने कहा।

"मछुवारा, मछलियाँ पकड़ने वाले को कहते हैं और मछलियाँ पकड़ कर बेचना व्यवसाय है। यह जाति कैसे हो सकती है?"

"पर हमारे यहाँ तो यह जाति है।" वे अपनी बात पर अडिग थे।

"मैं यही तो समझने का प्रयत्न कर रहा हूँ, प्रोफेसर साहब! कि जाति होती क्या है।"

प्रो. मछुवारा जोर से हँसे, "आप इतना भी नहीं जानते! अरे साहब हमारे यहाँ सब जातियाँ ऐसी ही होती हैं। चमार हैं, लोहार हैं, कुम्हार हैं, धोबी हैं, गूजर हैं, केवट हैं, माँझी हैं, धुनिए हैं, बुनकर हैं, चरवाहे हैं, जुलाहे हैं।... ये सब जातियाँ ही तो हैं। अब सरकार इन्हें अनुसूचित जातियाँ कहती है।"

"देखिए प्रो. मछुवारा!" मैंने कहा, "पारसी लोगों में भी जो व्यक्ति जो काम करता था, वही उसके नाम के साथ जुड़ गया। कपड़े वाला कापड़िया हो गया, बोतल वाला, दारू वाला, ट्रंक वाला... पता नहीं क्या क्या। डॉक्टर और इंजीनियर तक उनके परिवारसूचक नाम हो गये, किन्तु वे उनकी जाति नहीं हो सकती।"

"पर हमारी तो जाति ही है।" वे अड़े रहे।

"आपने मछलियाँ पकड़ने का व्यापार किया है?"

"नहीं!" वे बोले।

"आपके पिता जी मछुवारे थे?"

"जाति से तो थे किन्तु काम की दृष्टि से वे एक स्कूल के प्रिंसिपल थे।"

"आपके दादा?"

"वे सरकारी दफ्तर में क्लर्क थे।"

"आपके परदादा?"

"वे शायद पंसारी थे।" वे हँसे, "उसके आगे मत पूछिएगा। मैं बता नहीं सकूँगा। मुझे अपने वंश के इतिहास का उससे अधिक पता नहीं है।"

"नहीं पूछूँगा।" मैंने कहा, "पर यह बताइए कि आपके वंश में मछलियाँ कौन पकड़ता था, जिसके कारण आप मछुवारे हैं?"

"मैं मछुवारे नहीं हूँ।" वे हँसे, "प्रो. मछुवारा हूँ।"

"वही सही।" मैंने कहा, "आप बताएँ कि मछलियाँ पकड़ने का व्यवसाय कौन करता था? जब आप अपने परदादा के कारण पंसारी नहीं कहलाए, दादा के कारण क्लर्क नहीं कहलाए, पिता के कारण हेडमास्टर नहीं कहलाए, अपने कारण प्रोफेसर नहीं कहलाए, तो मछुवारा कैसे हो गये?"

"मैंने कहा न कि यह हमारी जाति है।" वे बोले, "मेरा पुत्र भारतीय प्रशासनिक सेवा में है, पर जाति तो उसकी भी मछुवारा ही रहेगी न।"

"क्यों रहेगी, यही तो जानने का प्रयत्न कर रहा हूँ।" मैंने कहा, "देखिए, जब एक ही व्यवसाय करने वालों ने एक साथ रहना आरम्भ किया। परस्पर शादी विवाह किए। पीढ़ियों तक सामूहिक रूप में वही व्यवसाय करते रहे, तो वे उस व्यवसाय से जाने जाने लगे। उसी को लोगों ने व्यवसाय नहीं कहा, पद नहीं कहा, आजीविका नहीं कहा, जाति कह दिया। पर अब तो वह स्थिति नहीं है। अब न तो आप मछलियाँ पकड़ते हैं, न बेचते हैं। न अपने पुत्र-पुत्रियों के विवाह मछलियाँ पकड़ने वालों के यहाँ करते हैं। न लड़कियों के दहेज में नौकाएँ और जाल जाते हैं, न लड़कों को विवाह में मछलियाँ पकड़ने के उपकरण दिए जाते हैं, तो फिर आप प्रो. मछुवारा क्यों हैं?"

"आप समझते क्यों नहीं हैं साहब! कि मछुवारा हमारी जाति है।" वे कुछ बिगड़े, "मेरे घर में इस समय जो व्यक्ति दीवारों और द्वारों को रंगने और लीपने पोतने का काम कर रहा है, वह ब्राह्मण है। वह उसकी जाति है। है या नहीं?"

"'ब्राह्मण' न कोई जाति है, न व्यवसाय।" मैंने कहा, "जिस अर्थ में 'मछुवारा' एक सामूहिक व्यवसाय के कारण जाति बन गयी, उस अर्थ में पुरोहित, पुजारी, अपाध्याय, आचार्य, वैद्य इत्यादि जातियाँ हो सकती थीं। लोग अपने वंशनाम के रूप में लिखते भी हैं। पर वह उनकी जाति नहीं हो सकती। और ब्राह्मण तो कोई जाति है ही नहीं। आपके घर काम करने वाला व्यक्ति व्यवसाय से सफेदी वाला है।..."

"चलिए, जाति न सही। वर्ण से ही सही। पर वह ब्राह्मण है।" वे हँसे , "है या नहीं। वैसे ही मैं मछुवारा हूँ।"

"वह अपना अतीत गौरवपूर्ण बनाए रखने के प्रयत्न में अपना वर्ण ब्राह्मण बताता है।" मैंने कहा, "वैसे वर्ण का निर्णय 'स्वभाव' से होता है। और स्वभाव को पहचानने के पश्चात् ही उसका निर्णय होना चाहिए। यदि ईश्वर ने आपको गायन की प्रतिभा नहीं दी है, तो आप गायक नहीं हो सकते। तब संगीत, आपका व्यवसाय भी नहीं हो सकता। वैसे ही तपस्वी स्वभाव न होने पर, सत्य और धर्म का विचार न होने पर, ब्रह्म का आचरण न करने पर, कोई ब्राह्मण नहीं हो सकता, चाहे वह अपने वंशनाम के रूप में ब्राह्मणबोधक विशेषण लगाता रहे। वर्ण को ठीक से समझने का प्रयत्न कीजिए।"

"आप ठीक कह रहे हैं।" उन्होंने कहा, "पर मेरी जाति मछुवारा ही है – ऐसा हमारी सरकार कहती है। हमारे कुलपति सेवानिवृत्त होने वाले हैं। मैं मछुवारा रहा तो वह पद मुझे मिल सकता है। कुछ और हो गया तो विभागाध्यक्ष ही रह जाऊँगा।"

"तो आप चाहते हैं कि वह दीवारें रंगने वाला व्यक्ति ब्राह्मण माना जाए और आप विभागाध्यक्ष होकर भी मछुवारा बने रहें?"

"मैं क्या चाहता हूँ, उसे रहने दीजिए।" वे हँसे, "भारत सरकार यही चाहती है।"

(9.9.2005)

राष्ट्रीय ग्रन्थ

"प्रयाग उच्च न्यायालय ने ठीक ही कहा है कि भगवद्गीता इस देश का राष्ट्रीय ग्रन्थ है।"

वे तड़प उठे, जैसे मैंने उनका कोई बिलबिलाता सा घाव छेड़ दिया हो।

बोले, "यदि गीता भारत का राष्ट्रीय धर्मग्रन्थ है, तो कुरान और बाइबल भी भारत के राष्ट्रीय धर्मग्रन्थ हैं।"

"मैंने धर्मग्रन्थ तो कहा ही नहीं।" मैंने उत्तर दिया, "मैंने तो केवल राष्ट्रीय ग्रन्थ कहा है।"

"एक ही बात है।"

मैं इस "एक ही बात" से बहुत परेशान हूँ। आप तवे का फुल्का माँगें और होटल वाला आपको रुमाली रोटी ला दे, आप तंदूरी रोटी माँगें और वह आपको नान ला दे; और फिर कहे कि "एक ही बात है", तो अपना सिर पीटने के अतिरिक्त कोई कर भी क्या सकता है।

"धर्मग्रन्थ और राष्ट्रीय ग्रन्थ एक ही चीज नहीं है।" मैंने फिर भी समझाने का प्रयत्न किया, "क्योंकि राष्ट्र और धर्म एक ही चीज नहीं हैं।"

"कैसे?" उन्होंने जैसे मेरा उपहास ही नहीं, अपमान करने के लिए अपने चेहरे पर भद्दी सी हँसी सजा ली, "अब तक तो हम 'भारत एक हिन्दू राष्ट' का नारा सुनते आये हैं। यदि धर्म और राष्ट्र एक नहीं हैं तो फिर यह हिन्दू राष्ट्र क्या है?"

"वह शायद आपकी समझ में न आये।" मैंने कहा, "किन्तु बांगलादेश और पाकिस्तान दोनों स्वयं को मुस्लिम देश मानते हुए भी, एक राष्ट्र नहीं हो पाये। सऊदी अरब और ईरान एक धर्म के कारण एक राष्ट्र नहीं हैं।"

"इसका क्या अर्थ हुआ?" वे उत्तर देने के स्थान पर मुँह बाए मेरा चेहरा देख रहे थे।

"इसका अर्थ यह हुआ कि आप धर्म और राष्ट्र का अन्तर करना सीखें।"

"पर मुसलमान और ईसाई भी तो इस देश में रहते हैं।"

"इस देश में सैकड़ों पक्षी रहते हैं; किन्तु फिर भी आपने अपना राष्ट्रीय

पक्षी मोर ही क्यों माना? सारे पक्षियों को राष्ट्रीय पक्षी क्यों घोषित नहीं कर दिया?'' मैंने कहा, "ढेरों फूल खिलते हैं हमारे देश में, फिर भी कमल ही क्यों हमारा राष्ट्रीय पुष्प माना गया? और भी अनेक फूल बहुत सुन्दर हैं। ध्वजों की कमी है क्या? फिर भी तिरंगा, राष्ट्रीय ध्वज माना गया।''

"होगा।'' उन्होंने अपने कन्धे उचकाए, "किन्तु भारत में रहने वाले जिस किसी धर्म को भी मानें, वे भारतीय हैं। उनका भी इस देश पर उतना ही अधिकार है।''

"अधिकार।'' मैंने कहा, "कश्मीरी हिन्दुओं का कश्मीर पर कितना अधिकार माना आपने? वे वहाँ इस्लाम के जन्म से भी पहले से रह रहे थे।''

"व्यर्थ की बातें मत करो।'' वे गुर्राये, "हम धर्म और राष्ट्र की बात कर रहे थे।''

"आप एक क्षण में अपना धर्म बदल सकते हैं।'' मैंने कहा, "किन्तु आपका राष्ट्र उस प्रकार नहीं बदल सकता।''

"क्यों? कितने ही भारतीय अमरीकी राष्ट्रीयता स्वीकार कर चुके। आपकी दृष्टि में उनका राष्ट्र बदला ही नहीं?'' वे जैसे एवरेस्ट की ऊँचाई पर खड़े थे।

"यदि उन्होंने स्वेच्छा से अपना धर्म बदला होता तो वे अमरीकियों से अधिक ईसाई होते। किन्तु राष्ट्रीयता बदल कर, उन्होंने अपना पासपोर्ट ही बदला है, मन से वे आज भी भारतीय हैं। त्वचा और रक्त आज भी भारतीय ही है।''

"तो फिर धर्म और राष्ट्र में अन्तर क्या है?'' वे कुछ परेशान होते दिखाई दिए।

"राष्ट्र में देश होता है, देश की संस्कृति होती है, संस्कृति में देश का भूगोल होता है, इतिहास होता है, चिन्तन मनन और दर्शन होता है। भाषा होती है, परम्पराएँ होती हैं। उसी संस्कृति में से धर्म भी उत्पन्न होते हैं, इसलिए न वे अपनी संस्कृति से मुक्त हो सकते हैं, न अपने देश के भूगोल और इतिहास से। पाकिस्तान 1947 ई. में बना; इसलिए आज भी वह उससे पूर्व के अपने इतिहास, भूगोल और संस्कृति से लड़ रहा है और उसे कोई समाधान नहीं मिल पा रहा। वहाँ का सिंधी कहता है कि वह साठ वर्षों से पाकिस्तानी है, चौदह सौ वर्षों से मुसलमान है; किन्तु सिंधी तो वह सहस्रों वर्षों से है।''

"तो?''

"तो यह कि राज्य और धर्म, संस्कृति और राष्ट्रीयता के स्थानापन्न नहीं हो सकते।''

"तो इस देश का राष्ट्रीय ग्रन्थ गीता ही है?"

"जी।''

"तुम्हारे कहने से?"

"नहीं। गीता में इस राष्ट्र की सहस्रों वर्षों की संस्कृति का सत्व है। वह हमारे चिन्तन मनन की सहस्राब्दियों की प्रतिनिधि है। तुम विदेश से पौधे लाकर रोप तो सकते हो, उन्हें इस देश के जल-वायु के अनुकूल भी बना सकते हो; किन्तु इस देश की जलवायु को उन पौधों के अनुसार बदलने को बाध्य नहीं कर सकते।"

"तुम्हारी साम्प्रदायिकता का कोई तोड़ नहीं है।" उन्होंने बुरा सा मुँह बनाया।

"मैं जानता था कि अंत में तुम यही कहोगे, क्योंकि तुम्हारा सेकूलर चिन्तन न तो तुम्हें तथ्यों की गहराई तक जाने देता है, न सत्य को स्वीकार करना सिखाता है। तुम इस देश की संस्कृति और राष्ट्रीयता को नष्ट करने वाले आक्रामक रूढ़िवादी चिन्तन के रोगी हो। तुम्हारा कोई उपचार नहीं है।..."

"अच्छा।" वे कुछ इस मुद्रा में आगे बढ़े, जैसे मुझे चाँटा दे मारेंगे।

"चलते चलते गीता की एक बात और सुन लो।"

"क्या?"

"भगवान् कृष्ण ने गीता में कहा है कि आततायी अपने ही पाप से मारा जाता है।"

"तुम और तुम्हारे भगवान् कृष्ण।" वे वहाँ से विलुप्त हो चुके थे।

(8.5.2008)

संस्कृति की सेवा

उसे अपनी संस्कृति से बहुत प्रेम था। वह चाहता था कि वह अपनी इस महान् संस्कृति के लिए कुछ करे। अपना तन, मन, धन उसपर लुटा दे। आवश्यक हो तो अपने प्राण भी न्यौछावर कर दे।... पर बेचारा क्या करता। कोई उसके प्राण लेने को तैयार ही नहीं था। भारत सरकार उसे कोई ऐसी नौकरी ही नहीं दे रही थी, जिससे वह दिन-रात परिश्रम करता, अपना पसीना बहाता, और विश्व भर में अपनी संस्कृति का तांडव कर आता। भारत सरकार ऐसी ही है। किसी को कुछ करने नहीं देती। लोग अपनी आकांक्षाओं और अभिलाषाओं को अपने वक्ष से लगाए लगाए, सारा जीवन काट देते हैं और अन्त में परलोक सिधार जाते हैं; पर भारत सरकार में कोई सुधार नहीं होता। वह टस से मस नहीं होती, संसदस्थ ही रहती है।

वह बेचारा भी प्रतीक्षा का अवसादपूर्ण जीवन जीता रहा। उस अवसाद में बोतल ही एकमात्र सहारा थी। उतनी तो नहीं पी पाता था, जितनी प्रतीक्षा के लिए वह आवश्यक मानता था। पर अपने सामर्थ्य भर उसने कोई कसर नहीं छोड़ी। हम उसकी नीयत पर किसी प्रकार का सन्देह नहीं कर सकते।

नहीं! वह बेकार नहीं था। बेकार तो वैसे भी कोई नहीं होता, लोग बेरोज़गार अवश्य होते हैं। पर वह बेरोज़गार भी नहीं था। बस उसे सरकार ने एक ऐसे विभाग में डाल रखा था, जहाँ कोई पार्टी नहीं होती थी। न डिनर होते थे, न कॉकटेल। उसे तो जितनी पीनी होती थी, अपनी जेब से ही पीनी होती थी। ऐसे पद पर भी नहीं था कि दूसरे विभाग वाले अपनी पार्टियों में उसे पीने के लिए बुलाते। दुष्ट हैं, ये सारे विभाग। भावना नहीं देखते, पद देखते हैं। उसका संस्कृति प्रेम उसके वक्ष में दबा सिसकता रहा और धीरे-धीरे दम तोड़ता रहा; किन्तु किसी ने उसे किसी डिनर में नहीं बुलाया। उसका वक्ष पीड़ा से फटा जा रहा था; किन्तु कहीं से कोई ऐसा अवसर नहीं मिल रहा था कि वह संस्कृति की सेवा कर सकता।

फिर जाने किस जन्म का कोई पुण्य उदित हुआ कि अपने प्रभु, जिसे अंग्रेज़ी में बॉस कहते हैं, से उसका झगड़ा हो गया। मनमुटाव नहीं, पूरा झगड़ा।

सचमुच का झगड़ा, जैसा हमारी विधान सभाओं में होता है। अब तो संसद में भी होने लगा है। वह तो कहिए कि उस दिन वह कुछ होश में था, इसलिए उसने अपने बॉस को जूते से नहीं मारा, अन्यथा कोई कसर नहीं छोड़ी थी। परिणाम यह हुआ कि रुष्ट बॉस ने स्थानान्तरण का पत्थर मार कर, उसका सिर फोड़ दिया। कुछ देर तो वह बोतल में बेहोश रहा, पर अन्ततः होश में तो आना ही था। होश में आया तो उसने स्वयं को किसी अस्पताल के बिस्तर पर नहीं, संस्कृति विभाग के बॉस की कुर्सी से बँधा पाया। पिछले विभाग का बॉस सामने खड़ा हँस रहा था... "बैठा रह कार्यालय में और करता रह कागज़ काले। न ठेके दे पाएगा, न उत्कोच ले पाएगा। अब सारा जीवन अपनी निर्धनता को रोता रह। अब तक पत्नी के लिए जो आभूषण बनवाए थे, उन्हें बेच और शराब पी। पत्नी रूठ जाए तो उसके मायके जा कर उसे मना; और अपने ससुराल वालों के जूते खा।"

पर उसका चेहरा देख कर कोई कुछ नहीं कह सकता था। स्यात् वह दुखी था, स्यात् दुखी नहीं था। वह दुखी था कि अब वह शायद उत्कोच नहीं ले पाएगा। और वह दुखी नहीं था, क्योंकि अब वह अपनी संस्कृति की सेवा कर पाएगा। कुछ दिन तो वह सोचने में लगा रहा कि संस्कृति की सेवा कहाँ से आरम्भ करे। फिर सोचा अपने पड़ोस से ही क्यों न करे।

पड़ोस में एक कवि रहता था। पड़ोसी कवि ने कहा, "कवि सम्मेलन करवाओ।" उसने कवि महोदय को कवि सम्मेलन का ठेका दे दिया। इससे वह आश्वस्त हुआ कि ठेका देने का अधिकार अब भी उसके पास है। विभाग से कवि सम्मेलन के नाम पर पाँच लाख रुपये लिये। दो लाख कवियों के ठेकेदार को दिए, तीन लाख से अपनी कंगाल जेब को कुछ आश्वस्त किया। कवियों का ठेकेदार अपनी टोली के दस कवि ले आया था। उनको उसने दस-दस हजार दिए थे और एक लाख स्वयं डकार गया था। कवि प्रसन्न थे कि उन्हें दस पंक्तियाँ सुनाने के दस हज़ार मिले हैं और बोतल...

"बोतल का क्या करें?" ठेकेदार ने पूछा।

"तुम प्रबन्ध करो।" उसने कहा, "तुमने एक लाख कमाये हैं।"

"मेरा तो यह धन्धा है और यही कमाई है। आपने अपनी नौकरी बनाये रखते हुए, अपने वेतन के अतिरिक्त तीन लाख डकार लिए हैं।"

वह होश में आया : उसे कवियों के ठेकेदार से झगड़ा नहीं करना चाहिए था। ढोल की पोल खुल जाती, तो वह देश की संस्कृति की सेवा कैसे करता। अपना मानापमान क्या होता है, मुख्य है संस्कृति की सेवा। उसे वह किसी भी स्थिति में नहीं छोड़ सकता था। किसी मूल्य पर नहीं। ठेकेदार चाहे तो उसे

दस जूते मार ले किन्तु वह संस्कृति की सेवा का त्याग नहीं कर सकता था।

पर इसका अर्थ यह तो नहीं था कि वह अपनी कमाई में से इन टुच्चे कवियों को पिलाए। उसने विभाग के चिन्तनार्थ यह प्रस्ताव रखा कि कवि न तो पिए बिना रचते हैं; न सुनाते हैं। तो बोतल के बिना कवि सम्मेलन कैसे होगा।... वैसे भी भारत सत्कारप्रिय देश है। अपने कवियों का सत्कार भी नहीं करेगा, तो संसार को क्या मुँह दिखाएगा। जिस देश में कवि प्यासा हो, उस देश को धिक्कार है।

परिणामतः सरकार की ओर से उनकी आवभगत के लिए चौबीस बोतलें आयीं। दस कवियों ने पीं और केवल चौदह उसके हिस्से में आयीं। बेचारा कवियों का ठेकेदार उसको आँखें दिखा कर रह गया।

उसने ठेकेदार को धमकाया, "राजपुरुषों को आँखें दिखाएगा, तो बरबाद हो जाएगा।"

ठेकेदार ने आँखें झुका लीं। और ठेके भी तो लेने थे।

मुहल्ले और नगर में थोड़ी सेवा कर लेने के पश्चात् उसे होश आया कि वह कर क्या रहा है। देश में तो वैसे भी संस्कृति बहुत थी। उसे तो अपनी संस्कृति की विश्वव्यापी सेवा करनी थी। कैसे करे? कवियों के उसी ठेकेदार ने सुझाया कि वह अपनी लाइन न बदले। करना क्या है? वही कवि सम्मेलन करना है। बस स्थान बदलना है। दृश्य बदलने से दृष्टि बदल जाती है। सब कुछ नया हो जाता है। सम्मेलन दिल्ली में न हो, टिंबकटू में हो तो वह संस्कृति की अन्तर्राष्ट्रीय सेवा होगी। बात उसकी समझ में आ गयी। उसने टिंबकटू में अपने देश के प्रतिनिधियों को लिखा कि भारत सरकार चाहती है कि वहाँ एक भव्य और विराट कवि सम्मेलन हो। अच्छा हो कि वह कवि सम्मेलन अन्तर्राष्ट्रीय हो। उससे भारत की संस्कृति विश्वव्यापी हो जाएगी।

उत्तर आया कि प्रस्ताव बहुत उत्तम है। इसके लिए भारत सरकार की सराहना की जानी चाहिए। यदि भारत सरकार की अनुमति है, तो वह बजट पास करवा ले। फिर वे स्थानीय कवियों और अड़ोसी पड़ोसी कवियों को एकत्रित कर लेंगे। वह स्वयं आ जाए और अपने साथ भारत से अपने दो एक मित्रों को कवि कह कर ले आये। कवयित्रियाँ हों तो और अच्छा रहेगा। टिंबकटू में शायद हिन्दी की कोई कवयित्री न मिले। यह हो जाए, तो अपने आप ही अन्तर्राष्ट्रीय कवि सम्मेलन हो जाएगा।

अपने मनोनुकूल उत्तर पा कर संस्कृति की सेवा का उसका उत्साह ऊँची-ऊँची छलाँगें लगाने लगा। उसका मन हुआ कि संस्कृति की बलिवेदी पर वह अपने आप को शहीद ही कर डाले।... विदेशी एयर लाइन में लम्बी हवाई

यात्रा। गोरी चिट्टी स्वस्थ विमान परिचारिकाओं द्वारा विभिन्न प्रकार की मदिरा का परोसा जाना। वह भी मुसकरा मुसकरा कर। पाँच सितारा होटल में सप्ताह भर से अधिक का प्रवास। बोतल का साथ और फिर कवयित्रियाँ।... संस्कृति की इतनी सेवा की तो उसने कल्पना भी नहीं की थी।

खोज आरम्भ हो गयी। किस कवयित्री को ले जाया जाए। सब की सब बढ़ी उम्र की ढली हुई हैं। पर कवयित्री को ले जाना ही क्यों आवश्यक है। कवयित्री कह कर वह किसी को भी ले जा सकता है। वह भारत सरकार का संस्कृति विभाग का राजपुरुष। उसे अधिकार है कि किसी को भी श्रेष्ठ कवयित्री घोषित कर दे। जब टुच्चे टुच्चे समीक्षक यह काम कर सकते हैं, तो उसके प्रमाणपत्र को कौन झुठला सकता है; और कौन यहाँ उससे पूछने वाला बैठा है।... फिर दो क्यों? दो होंगी तो एक दूसरे से चिढ़ेंगी। शिकायत करेंगी। भंडाफोड़ की धमकी देंगी। एक एक कर ले जाना चाहिए। अकेली होगी, तो अधिक खुलेगी। उसे भी सुविधा रहेगी।... एक इस बार, दूसरी अगली बार।

उसने फोन कर युवती को अपने कार्यालय में बुलाया।

"सरकारी खर्च पर टिंबकटू चलोगी?"

"कौन कौन जा रहा है?"

"तुम्हें उससे क्या लेना? तुम्हें जाना है या नहीं?"

"क्या है वहाँ?"

"कवि सम्मेलन।"

"पर मैं कविता नहीं करती।"

"जो स्वयं को कवि गिनते हैं, वे ही कौन सी कविता करते हैं।" वह बोला, "और भारत सरकार में कौन बैठा है, प्रमाणित करने वाला कि कौन कवि है। हम जिसे कवि घोषित कर दें, वह महान् कवि है।"

"पर मैं करूँगी क्या?"

"किसी पुराने कवि की कविता पढ़ देना।" वह बोला, "या स्वयं उल्टी सीधी चार पंक्तियाँ घसीट डालो। जितनी औघड़ होगी, उतनी अच्छी कविता मानी जाएगी। आजकल न समझी जाने वाली कविताओं का फैशन है। लिख लो। तुमसे न हो, तो मैं लिख दूँ।"

"पर आप मुझे ही क्यों ले जाना चाहते हैं?"

"क्योंकि तुम सुन्दर हो, युवा हो। तुम मंच पर उपस्थित रहोगी तो भारत की संस्कृति युवा लगेगी, सुन्दर लगेगी।" और उसका स्वर बदल गया, "सरकारी खर्चे पर दुनिया घुमा रहा हूँ। सप्ताह भर की रईसी वाली हॉलिडेईंग करा रहा

हूँ। उस पर नखरा मार रही हो। नहीं जाना तो बोलो। हाँ जाने वालियों की लाइन लगी रहती है।''

''नहीं! नहीं! मैंने मना तो नहीं किया।'' युवती बोली, ''मैं तो ऐसे ही पूछ रही थी।''

''भाव बढ़ा रही थीं।'' वह बोला, ''तो जाओ, बढ़ गया भाव। संस्कृति की सेवा की तैयारी करो। अटैची तैयार करो।''

वह युवती को लेकर संस्कृति की सेवा के लिए निकला। विमान में जितनी पी सकता था, पीता रहा। उसकी भुजाएँ, युवती की कमर और कन्धों को नाप नाप कर संस्कृति की सेवा करती रहीं।

होटल में पहुँचते ही युवती से कह दिया कि या तो अपने कमरे का कपाट भीतर से बन्द न करे, या उसी के कमरे में आ जाए।

''क्या करेंगे?'' युवती ने पूछा।

''संस्कृति की सेवा।''

''इसलिए लाए हो तुम मुझे?''

''तुम जानती नहीं थीं क्या?'' वह बोला, ''अब बहुत भोली बनने का नाटक मत करो।''

''तुम अपने पद का दुरुपयोग कर रहे हो। भारत की गरीब जनता का पैसा अपनी ऐयाशी पर लुटा रहे हो।'' युवती ने कहा, ''मैं तुम्हारे बॉस से तुम्हारी शिकायत करूँगी।''

''कर दो।'' वह बोला, ''हम एक ही विभाग के राजपुरुष हैं; इसलिए, संस्कृति की सेवा करने की हम दोनों की शैली एक ही है। तुम्हारी शिकायत के पश्चात् वह मेरी पसन्द की प्रशंसा करेगा और अपनी डायरी में तुम्हारा नाम पता लिख लेगा।''

(13.6.2005)

स्टोरी

रामलुभाया बाँसों उछल रहा था।

"क्या हुआ?" मैंने पूछा।

"आज गज़ब की स्टोरी हाथ लगी है।" वह बोला, "मेरा तो दिन बन गया।"

किसी को नंगा करने का अवसर मिल जाए तो पत्रकार का दिन बन ही जाता है।

"क्या हो गया?"

"लालू अपने मतदाताओं को सौ सौ रुपये के नोट बाँट रहे थे।" वह बोला, "हमने वीडियो रिकार्डिंग कर ली। अब धरे जाएँगे बच्चू, निर्वाचन आयोग की आचार संहिता में।"

"उससे क्या होगा।"

"सम्भव है, वे चुनाव न लड़ सकें। सम्भव है, पार्टी मी मान्यता रद्द हो जाए।"

मैं भी रामलुभाया के साथ प्रसन्न हो गया। जो व्यक्ति इस प्रकार आचार संहिता का खुल्लमखुल्ला उल्लंघन करे, उसको तो चुनाब लड़ने से रोका ही जाना चाहिए।

"शाबाश!" मैंने कहा, "लगे रहो रामलुभाया! लगता है, आज तो तुम्हारे साथ मेरा भी दिन बन गया है।"

दो दिनों बाद जब रामलुभाया मिला, तो भी उसी प्रकार प्रसन्न था।

"आज क्या हुआ रामलुभाया?" मैंने पूछा।

"आज फिर लाइफ बन गयी।" उसकी बाछें खिली पड़ रही थीं, "आज फिर एक जबर्दस्त स्टोरी हाथ लगी है।"

"आज कौन पकड़ा गया?"

"बताता हूँ।" उसने प्रसन्नता की एक गहरी साँस ली, "बिहार में एक

व्यक्ति रिक्शा चलाता था। उसे कैंसर हो गया। उसका रिक्शा चलाना बन्द हो गया। घर में खाने को कुछ नहीं था। उसकी पत्नी स्वयं तो भूखी थी ही... ।''

''कितने दिनों की भूखी थी?'' मैंने बीच में ही उसे टोक दिया।

''वह सब इंपॉरटेंट नहीं है।'' उसने कहा, ''इंपॉरटेंट यह है कि वह अपने बच्चों को भूख से बिलबिलाता नहीं देख सकी और अपने बच्चों समेत नदी में कूद पड़ी।''

''मर गयी?''

''मर जाती तो स्टोरी कैसे बनती।'' वह परम प्रसन्न था, ''नदी में कुछ मछुवारे मछलियाँ पकड़ रहे थे। उन्होंने उस महिला और उसके बच्चों को बचा लिया।''

''यह तो अच्छा हुआ।'' मैंने कहा, ''पर उनकी भूख का क्या होगा?''

''उनकी भूख का?'' वह हँस पड़ा, ''उनकी भूख की बात सोचते हो, हम पत्रकारों की भूख की बात नहीं सोचते। हम अपनी भूख मिटाने, उस दुखियारी के पास पहुँचे तो पता चला कि जॉर्ज फर्नांडीस अपने साथियों के साथ हम से पहले ही वहाँ पहुँच चुके थे और उन लोगों का दुख दर्द सुन रहे थे।''

''यह तो अच्छा हुआ। किसी ने तो उन बेचारों की सुध ली।''

''अच्छा हुआ।'' उसकी प्रसन्नता छलाँगें मार रही थी, जैसे गाय का बछड़ा अपनी मस्ती में कूद फाँद रहा हो, ''यह तो बहुत ही अच्छा हुआ। जॉर्ज ने उनका दुखड़ा सुना। दुखड़ा सुनने से तो किसी का पेट तो नहीं भर जाता। पेट भरने के लिए तो अन्न चाहिए। और अन्न मिलता है पैसे से।''

''तो वहाँ किसी ने उन्हें पैसे नहीं दिए?'' मुझे अत्यन्त कष्ट हो रहा था।

''दिए न!'' वह बोला, ''न दिए होते तो हमारी स्टोरी कैसे बनती।''

''किसने दिए?''

''जॉर्ज के साथियों में से ही किसी ने दिए। पर जॉर्ज के सामने दिए।'' वह बोला, ''जॉर्ज खड़े देखते रहे।'' उसने अपना छक्का मारा, ''और हमने उसकी वीडियो रिकार्डिंग कर ली।''

''वह तो करनी ही चाहिए थी।'' मैंने कहा, ''लोगों को मालूम होना चाहिए कि अभी भी इस देश में माताएँ भूख से बिलबिलाते अपने बच्चों का

कष्ट सहन न करने के कारण उनके प्राण भी ले लेती हैं और अपने प्राण भी दे देती हैं।"

"मूर्ख हो तुम।" वह बोला, "स्टोरी इन बातों से नहीं बनती। स्टोरी बनती है कि निर्वाचन आयोग की संहिता का उल्लंघन कर जॉर्ज ने भी लालू के समान लोगों को पैसे दिए।"

मैं अटपटाया सा उसका चेहरा देखता रहा, "तुम्हें जॉर्ज के साथियों द्वारा भूख से बिलबिलाती एक महिला को अन्न के लिए कुछ रुपये दिए जाने और लालू द्वारा वोट बटोरने के लिए नोटों की वर्षा एक जैसी बात लगती है? इसमें से एक अपराध है और दूसरा मानवीय करुणा का उदाहरण।"

"मूर्ख हो तुम। ये दोनों ही स्टोरियाँ हैं।" वह बोला, "जॉर्ज और उनके साथियों के सम्बन्ध में भी एफ. आई. आर. दर्ज हो गया है। देखें, वे भी चुनाव लड़ सकते हैं या नहीं।"

"न लड़ सके तो?"

"बेसहारा औरतों में रुपये बाँटते फिरेंगे।" वह पूर्ण निर्ल्लजता से हँसा।

मेरी समझ में ही नहीं आया कि मैं उसे कैसे धिक्कारूँ।

(27.12.2004)

साहित्य के मुजाविर

डॉ. विद्वान् ने एक हाथ में अपना भारी-भरकम झोला उठाया और दूसरे हाथ में गमछे में बँधी गठरी; यातना के स्पष्ट चिह्न अपने चेहरे पर चिपकाये वे लदे-फदे गधे के समान इंटरव्यू-कक्ष में प्रवेश कर गये।

"दंडौत।" उन्होंने खड़े-खड़े सेलेक्शन कमेटी पर गोला दागा।

"यह इतनी रद्दी आप किसलिए उठा लाये हैं?" सेलेक्शन कमेटी के चेयरमैन ने पूछा।

डॉ. विद्वान् अपनी नाराजगी को खुशामदी मुस्कान लपेटकर हजम कर गये।

"जी, ये रचनाएँ हैं श्रीमानजी।"

"तो इन्हें ढोने की क्या आवश्यकता थी? आप सूची ले आते। यदि सारे प्रत्याशी आप जैसे हुए तो इंटरव्यू-कक्ष कबाड़ी बाजार लगने लगेगा।"

डॉ. विद्वान् हत्प्रभ नहीं हुए। बोले, "आपका मजाकिया स्वभाव तो दूर-दूर तक प्रसिद्ध है। वैसे सूची लाने से काम नहीं चलता। सूची तो तब लाता, जब कोई रचना प्रकाशित होती। प्रकाशित तो कोई हुई नहीं सुसरी। इसलिए मूल पांडुलिपियाँ ही ले आया।"

"अच्छा बैठिये।"

उन्होंने कुर्सी पर अपनी गठरी और झोला रख दिया और कमेटी को हाथ जोड़ दिये।

"आप बैठिये, डॉ. विद्वान्।" चेयरमैन ने कहा।

"नहीं जी! हमारी विद्या कुर्सी पर बिराज रही। ठीक है। हम तो ठाड़े ही आपकी चाकरी बजायेंगे।"

संकेत पाकर चपरासी, दूसरी कुर्सी रख गया और डॉक्टर साहब बैठ गये।

"आप पी-एच.डी. हैं?" इस बार यूनिवर्सिटी एक्सपर्ट ने पूछा।

"जी! आपकी दया से।" डॉक्टर साहब ने भक्ति-भाव से हाथ जोड़ दिये।

"आपने थीसिस स्वयं लिखा था?"

"जी नहीं! टाइप करवाया था।"

"ओह-हो! टाइप तो करवाया था पर टाइप करवाने से पहले लिखा भी तो होगा। किसने लिखा था?" एक्सपर्ट हल्का-सा खीझ गये।

"जी! मैंने लिखा था।"

"तो आप पी-एच.डी. अपने काम से हुए या मेरी दया से?"

"जी! एक्कै बात है। दोनों में फरक ही क्या है।"

"क्या विषय है?" एक्सपर्ट ने पैंतरा बदला।

"श्री हनुमानजी के मन्दिरवाली रामचरितमानस की प्रति की जिल्द बँधावन की कला का वैज्ञानिक अनुशीलन।"

"इस विषय का साहित्य से क्या सम्बन्ध?" एक्सपर्ट फिर कुछ नाराज हुए, "आप हिन्दी-विभाग में रीडर के पद के लिए इंटरव्यू देने आये हैं या जिल्दसाज की नौकरी लेने?"

"आप भी मजाक करते हैं।" डॉ. विद्वान् ने खीसें निपोर दीं, "मेरे विषय का सम्बन्ध साहित्य से अधिक साहित्य की रक्षा से है। उस महान् ग्रन्थ की उस पवित्र प्रति की आज तक जिस जिल्द ने रक्षा की, मैंने उसके एक-एक टाँके का साहित्यिक एवं वैज्ञानिक अनुशीलन किया है।"

एक्सपर्ट बोर हो गये। मन में सोचा-साले, टाँके का ही अध्ययन करना था, तो दर्जी हुआ होता। पर बोले, "अच्छा यह बताइये डॉक्टर साहब! थीसिस के अतिरिक्त भी आपकी कोई रचना है या आप मात्र एक थीसिस लिखने के लिए ही अवतरित हुए थे?"

"जी! मैंने एक रिसर्च पेपर भी लिखा है।" डॉ. विद्वान् ने मग्न होकर अपनी गठरी उठायी और अपने सामने मेज पर रखकर टटोलने लगे।

"ऐ! इसको हटाओ और अपना ज्ञान-दीप्त चेहरा देखने दो।" एक्सपर्ट बोले, "क्या विषय है, रिसर्च पेपर का?"

"महान् साहित्यकार रहीम खानखाना के मकबरे में स्थित विभिन्न कब्रों के रूपाकार का तुलनात्मक अनुशीलन।"

"कहाँ प्रकाशित हुआ है?"

"मेरी आत्मा में। मेरे हृदय में।"

"मैं पूछ रहा हूँ किसी जगह छपा भी है?"

"जी, छपेगा कैसे। चारों ओर तो आपको छोड़कर, शेष लोगों ने भ्रष्टाचार फैला रखा है। बिना मित्रता और रिश्तेदारी के कोई सम्पादक रचना छापता ही नहीं। इसलिए वह रचना कहीं नहीं छपी। मैंने सोचा था—आपसे पूछूँगा कि इस देश में रिसर्च करने का क्या लाभ है? ऐसा बढ़िया मैंने रिसर्च पेपर लिखा और वह कहीं छपता ही नहीं। बताइये उस रिसर्च पेपर का मैं क्या करूँ?"

"उसे महान् साहित्यकार श्री रहीम खानखाना के मकबरे में दफना आइये।"

"जी?" डॉ. विद्वान् पहले हत्प्रभ हुए, फिर मुस्कराये, "हमारे लोगों में यह धारणा प्रचलित है कि आप जैसा विट हमारे शहर में मुझे छोड़ और किसी में नहीं है।"

"मुझे भी यही लग रहा है," एक्सपर्ट सहमत हुए, "अब आप बताइये, आपमें सर्जनात्मक प्रतिभा का भी कोई अंश है?"

"जी!" डॉ. विद्वान् लाज से लाल हो गये, "इस प्रश्न का सम्बन्ध मेरे विशिष्ट अध्ययन के क्षेत्र से तो नहीं है। पर, फिर भी आपने पूछा है, तो मैं पीछे तो हटूँगा नहीं। उत्तर तो दूँगा ही। जी, वैसे तो सर्जनहार केवल ऊपरवाला ही है, पर उसी की कृपा से मैंने इस जमाने में भी सात बच्चे पैदा किये हैं।"

"धत् तेरे की!" एक्सपर्ट झुँझला गये, "मेरा मतलब आपकी इस सर्जनात्मक प्रतिभा से नहीं था। मैं पूछ रहा था, कुछ रचनात्मक कार्य...।"

"जी हाँ!" डॉ. विद्वान् बोले, "अभी मैंने अपनी घरेलू बाड़ी में तीन मन आलू उपजाकर पुरस्कार जीता है।"

"मैं पूछ रहा हूँ," एक्सपर्ट बुरी तरह नाराज हुए, "आप कविता करते हैं?"

"जी, कविता फविता से मेरा कोई सम्बन्ध नहीं है। ऐसा शोहदों-चोट्टों का काम नहीं करता।"

"कहानी लिखते हैं?"

"किस्से-कहानियों में मुझे कोई रुचि नहीं हैं। अफ्यूनियों का काम है। ऐसे ही बैठे-ठाले।"

"आप साहित्य के अध्यापक-रीडर की नौकरी चाहते हैं।" एक्सपर्ट ने कहा, "और कविता-फविता से आपका सम्बन्ध नहीं है, किस्से-कहानियों में आपको रुचि नहीं है, तो आप करते क्या हैं?"

"रिसर्च! शुद्ध रिसर्च!!"

"रिसर्च किस पर?"

"साहित्य पर!"

"और साहित्य क्या है?"

"कविता, कहानी, उपन्यास...।"

"और आपका इनसे कोई सम्बन्ध नहीं है?"

"जी नहीं।"

"तो हम यह नौकरी आपको न देकर, किसी ऐसे व्यक्ति को क्यों न दें, जिसको साहित्य से लगाव है?"

"लगाव होना और चीज है, और साहित्य के विषय में जानना और चीज है।" डॉ. विद्वान् भड़क उठे, "साहित्य के विषय में तो वही जानता है, जो रिसर्च करता है।"

"आपका विचार है कि ताजमहल बनवानेवाले इंजीनियर से, ताजमहल का मुजाविर, ताजमहल से अधिक जानता है?"

"जी हाँ! जरूर!" डॉ. विद्वान् अत्यन्त आत्मविश्वास के साथ बोले "इंजीनियर ने ताजमहल बनवाया होगा, पर यह तो मुजाविर ही जानता है कि उसकी कौन-सी जाली फारसी-शैली की है, कौन-सा फूल किस पत्थर का बना है.. इत्यादि।"

"तो आप साहित्य के मुजाविर हैं?" एक्सपर्ट ने पूछा।

"जी! जी हाँ!"

"आपके पास साहित्य मकबरा बनकर ही आया होगा। जीवन्त वस्तु तो वह रह नहीं गयी होगी?"

"जी हाँ! जी हाँ! जरूर!"

"आप जानते हैं कि मुजाविर न तो नया ताजमहल बनवा सकता है, न पुराने ताजमहल में सुधार कर सकता है.। बैठा पुराने समय को याद करता है और भीख माँगता है?"

"जी! उसकी आवश्यकता ही नहीं है। जो ताजमहल एक बार बन चुका, अब वैसा और नहीं बन सकता।"

"साहित्य के विषय में क्या विचार है आपका डॉक्टर साहब?"

"जो साहित्य हमारे ऋषि-मुनि रच गये हैं, वैसा साहित्य अब और नहीं लिखा जा सकता।"

"आपने वह साहित्य पढ़ा है?"

"जी! पढ़ने की क्या आवश्यकता है। वह तो मेरे रक्त में घुला-मिला है।"

"नया साहित्य?"

"वह पढ़ने योग्य ही नहीं है।"

"तो अब साहित्य पढ़ने की आवश्यकता नहीं है?"

"जी नहीं।"

"और लिखने की भी नहीं?"

"जी नहीं!"

"साहित्य पढ़ाने की जरूरत है?"

"वह तो है जी!"

"बिना पढ़े पढ़ाया जाये?"

"जी, बिना पढ़े। रिसर्च करके!"

"अच्छा डॉक्टर साहब!" एक्सपर्ट बोले, "क्यों न हम विश्वविद्यालय में साहित्य का विभाग ही बन्द कर दें। बेकार-सी तो चीज है।"

"जी! मुझे नौकरी देने के बाद आप चाहें तो बन्द करवा दें।"

"उसकी आवश्यकता नहीं पड़ेगी डॉ. विद्वान्!" एक्सपर्ट बोले, "यदि आपको हमने नौकरी दे दी तो आप अपने-आप ही विभाग बन्द करवा देंगे। लोग विश्वविद्यालय में घूमने आया करेंगे तो आप मकबरों के मुजाविर के ही समान, लोगों को बताया करेंगे—'जी! यह वह स्थान है, जहाँ कभी साहित्य पढ़ाया जाता था।' अच्छा, अब जाइये। चपरासी! दूसरे आदमी को बुलाओ!"

उनके घर आग लगी

सूचना मिली कि उनके घर में आग लग गयी है और एक पूरा कमरा जल गया है। अपना कलेजा ठंडा हो गया। सोचा, उनके घर रोज ऐसा हो। भगवान की यह कृपा बार-बार उन पर हो। पर थोड़ी ही देर में समझ आ गया कि अपनी खुशी ऐसे नहीं सँभलेगी। इस खुशी को स्थायी बनाने के लिए आवश्यक है कि अपनी सहानुभूति प्रकट करने के बहाने उनके घर जाया जाये। उनका उड़ा हुआ चेहरा, उनकी सूजी हुई आँखें, उनकी बँधी हुई हिचकियाँ...वाह! तबीयत खुश हो जायेगी। साले! हमसे जलते थे न! जो हमसे जलेगा, उसका घर ऐसे ही जल जायेगा...

अपने यहाँ बड़ा अच्छा प्रचलन है। खुशी के अवसर पर किसी के घर जाओ न जाओ, पर शोक के अवसर पर अवश्य जाओ। खुशी के अवसर पर जाओ तो अगला अपनी प्रसन्नता में बहुत ऊँचाई पर उड़ रहा होता है। आपको वह कुछ समझता ही नहीं। आप ही उस वातावरण में स्वयं को छोटा महसूस करने लगते हैं; और उत्सव से लौटते हैं तो उदास होकर। इसके विपरीत जब शोक के मौके पर जाते हैं तो अगला अपने दुख से बेहाल होता है। उस समय अपनी दीन-हीन अवस्था के कारण, वह आनेवाले प्रत्येक व्यक्ति को अपने से बड़ा प्रसन्न और श्रेष्ठ मानता है। जब आप अपनी सहानुभूति प्रकट कर लौटते हैं तो बहुत प्रसन्न होते हैं कि वह देखा भाग्य का मारा कैसे सिर पटक-पटककर रो रहा था और हम हैं कि भाग्य सोना बरसा रहा है...इसीलिए हमारे पूर्वजों ने कहा है कि किसी की खुशी में जाओ न जाओ, पर उनके शोक में अवश्य जाओ। मैं भी अपना सुख दुगुना करने के लिए उनके घर चला।

मृत्यु के अवसर पर भी तम्बू तो लगते ही हैं। तम्बू के भीतर किराये की विभिन्न मेजों पर उनकी जली हुई चीजें रखी थीं और उनके साथ-साथ चित्र लगे हुए थे, कि जलने के पूर्व वे वस्तुएँ कैसी थीं। लग रहा था जैसे उनके घर आग न लगी हो, हड़प्पा की खुदाई से नकली चीजों की प्रदर्शनी लगी हो।

भीड़ में घिरे प्रसन्न वदन वे लोगों को बता रहे थे कि आग उनके वीडियो से शुरू हुई थी। मेरे मन ने तत्काल प्रतिक्रिया प्रकट की : उच्च श्रेणी की आग

थी। वीडियो से पैदा हुई थी। अंगीठी या सिगरेट-बीड़ी से शुरू होनेवाली टुच्ची आग नहीं थी। वीडियो की आग! वाह! पता नहीं वीडियो जर्मनी में बना था, जापान में या अमरीका में। उससे लगी आग, झारसुगुड़ा में बनी बीड़ी की आग से तो भिन्न होगी ही।

"अरे! आपको नहीं पता कि हमारे पास वीडियो था।" वे किसी से कह रहे थे, "नहीं! नया-नया नहीं था। काफी पुराना हो गया था। नये का मूल्य तो कुल साठ हजार है। वह बढ़िया क्वालिटी का था—पुराना। उसका मूल्य बाजार में पचहत्तर हजार था।"

मैं फिर एक झटका खा गया। यह टोटका तो मुझे आज तक किसी ने बताया ही नहीं था। मैं तो अपनी हर चीज को नया बताना चाहता था। पर नयी चीजें जैसे-जैसे घटिया सिद्ध होती जा रही हैं, बाजार में पुरानी चीजों का भाव बढ़ता जा रहा है। कुछ दिनों में लोग हनीमून के लिए जायेंगे और लोगों को बतायेंगे कि वे अपने विवाह की सिलवर जुबली मना रहे हैं।

इस सन्दर्भ में मुझे एक घटना याद आ रही है। मैं यात्रा कर रहा था और मेरे एक सहयात्री लगातार अपने जीवन के सिद्धान्तों की श्रेष्ठता का बखान करते जा रहे थे। अनेक सिद्धान्तों के पश्चात् उन्होंने घोषणा की, "मेरा परखा हुआ है कि किसी का बच्चा गोद लेने से अपना बच्चा भी हो जाता है।"

"आपने कैसा परखा है?" किसी ने पूछा।

"अजी! मैंने तो अपने विवाह के तीन महीने बाद ही अपने छोटे भाई का बच्चा गोद ले लिया था।..."

वे शायद अभी और भी कुछ कहते, पर मेरे मन में एक जिज्ञासा उठी, "आपके छोटे भाई का विवाह आपसे पहले हो गया था क्या?"

वै कैसे स्वीकार कर लेते कि वे इतने निखट्टू थे कि उनके अविवाहित रहते ही उनके छोटे भाई का विवाह हो गया था। बोले, "नहीं जी! हमारा विवाह साथ-साथ ही हुआ था।"

"तो फिर जब आपके विवाह को तीन महीने हुए थे, तो आपके भाई के विवाह को भी तीन ही महीने हुए होंगे!"

"जी हाँ! जी हाँ!" लगा, वे गणित में काफी कच्चे हैं।

"आपके भाई को बच्चा दहेज में मिला था क्या?"

वे सज्जन भी शायद अपने भाई के बच्चे के पुरानेपन की श्रेष्ठता सिद्ध कर रहे थे; पर खैर, बात पुराने वीडियो की थी...

"समय से फायर ब्रिगेड नहीं आ पाया क्या?" मैंने विधिवत शोक प्रकट करने की तैयारी की।

"फायर ब्रिगेड तो समय से पहले ही आ गया था..."

"समय से पहले?" मैंने टोका।

"जी हाँ?" वे बोले, "आग तो अभी लगी भी नहीं थी कि फायर ब्रिगेड आकर खड़ा हो गया। हमारे लल्लू को जानते हैं न वे लोग।"

"जी हाँ! लल्लू बड़ा आदमी है भाई।" मैं सहमत हो गया, "तभी तो उनको पता लग गया कि यहाँ आग लगनेवाली है। होनहार बिरवान के होत चीकने पात! साधारण आदमी की झुग्गी जलकर स्वाहा हो जाती है, तब कहीं पता चलता है कि यहाँ आग नाम की वस्तु लगी थी।"

"हाँ साहब! आग लगने और लौकी लगने में फर्क है। आग जब आकाश को छूने लगती है तब पता चलता है। लौकी के तो फूल आते हैं तो पता चल जाता है कि लौकी लगेगी।"

"तो फिर उन्होंने आग बुझायी क्यों नहीं?" मैंने यूँ ही पूछ लिया।

"कोशिश तो उन्होंने की।" वे बोले, "पर उनसे कहाँ बुझती। अरे ऐसी दमकल से इम्पोर्टेट वीडियो की आग कहीं बुझी है क्या?"

"आपने शिकायत नहीं की कि इतना घटिया दमकल क्यों भेजा, जिससे एक छोटी-सी आग नहीं बुझी?"

"शिकायत की जरूरत ही क्या थी। आग-मन्त्री का सन्देश अपने-आप आ गया था। उसे किसी को भेजकर मँगवाना भी नहीं पड़ा था। हमारे घर में लगी आग के विषय में सुनकर उन्हें बहुत कष्ट हुआ था। वे शर्म से पानी-पानी हुए जा रहे थे।..."

"उनके पानी से भी आग नहीं बुझी?"

"साधारण आग थी क्या कि उनके पानी से बुझ जाती?" वे गौरव से अपनी गर्दन अकड़ाकर बोले, "विदेशी वीडियो की आग थी साहब! ऐसी जबर्दस्त कि उसने मन्त्री महोदय का पानी ही सुखा डाला।" क्षण-भर के लिए एक रौबदार मौन ने उन्हें घेर लिया, "उन्होंने कहलवाया है कि जब हमारा घर जल चुकेगा तो वे मलबा देखने स्वयं आयेंगे।..."

"आपका पूरा घर तो जला ही नहीं," मैंने शोक प्रकट किया, "मलबा भी कोई खास नहीं है। अब मन्त्री महोदय कैसे आयेंगे!"

"हाँ! यह कसर तो रह ही गयी।" पहली बार उनके चेहरे पर मलाल आया, "पर चलो, फिर सही।"

मैं उनका हौसला देखकर दंग था। पर दंग खड़े रहने से कहीं दंगा न हो जाये, यह सोचकर पूछा, "यह आग-मन्त्री किस विभाग के मन्त्री हैं साहब! कभी इनके विषय में सुना नहीं।"

"सुना क्यों नहीं।" वे झल्लाकर बोले, "अभी-अभी तो आपने हमसे सुना। आपकी भी झूठ बोलने की आदत गयी नहीं कोहली साहब!" वे मुस्कराये, "आग-मन्त्री का विभाग बहुत बड़ा है। लोगों के घरों के चूल्हों में आग जले न जले, उनके हृदय में ईर्ष्या की आग यह जलाता रहता है; हृदय चाहे देशी हों, चाहे विदेशी। इसके अनेक विभाग हैं : घरेलू विभाग, मनोविज्ञान विभाग..."

वे शायद अभी और अनेक विभागों की चर्चा करते, किन्तु मैंने उन्हें बीच में ही टोक दिया। टोकना कई दृष्टियों से आवश्यक हो गया था। पहले वे विभागों के नाम बताते और फिर उनकी व्याख्या करते। भाषण लम्बा हो सकता था। देर होती जा रही थी और मैं अभी तक अपना शोक और संवेदना ही प्रकट नहीं पर पाया था।

बोला, "किसी और मन्त्री का सन्देश नहीं आया?"

"घरेलू मन्त्री का भी आया है।" वे बोले, "घर जला है न हमारा। बड़े हाई लेबल पर कमेटी बनी है, जो इस पर विचार कर रही है कि यह मामला आग-मन्त्रालय का है या घर-मन्त्रालय का। दो मन्त्रालय इनवाल्व हो गये हैं। मामला कुछ कम्पलिकेटेड हो गया है। जब तक यह तय न हो जाये कि मामला किस मन्त्रालय है, तब तक कोई ऐक्शन नहीं हो सकता।"

मैंने उनसे पूछा नहीं कि इसमें 'ऐक्शन' क्या हो सकता है—जाने वे कोई गहरी बात कह देते, जो मेरी समझ से बाहर होती। अपनी समझ से बाहर ही बातें सुनकर मैं ही आपे से बाहर हो जाता हूँ और तब कोई-न-कोई ऐसी बात हो जाती है, जो शिष्टाचार से बाहर होती है।

बात को दूसरी ओर मोड़ने के लिए मैंने कहा, "यदि सम्भव हो तो आप आग-मन्त्रालय को एक सुझाव दे दें।"

"क्या?" उनको अपने लपटदार भाषण के बीच मेरा बोलना अच्छा नहीं लगा था।

"वे लोग अपने मन्त्रालय में एक-एक शोध-विभाग भी खोल लें।"

"क्यों?"

"क्योंकि जहाँ भी आग लगेगी, वह मामला आग मन्त्रालय के पास आयेगा और तब प्रश्न उठेगा कि आग किसमें लगी? आग में एक बुराई यह है कि वह अपने-आप जलती ही नहीं। कभी गैस को जलाती है, कभी लकड़ी-कोयले को और कभी किसी के कलेजे को। फिर आग बुझाने के लिए, जो पानी खर्च होगा, उसका बिल कहाँ से आयेगा? उसके बाद जो मलबा या राख होगी, वह किसकी सम्पत्ति होगी? ऐसे अनेक विषय हैं, जिन पर शोध करना पड़ सकता है..."

उनको मेरी बात पसन्द नहीं आयी, इसलिए नाक पर बैठी मक्खी के समान मेरी बात को उड़ाकर बोले, "घर मन्त्री ने कहलवाया है कि वे भी एक जाँच कमेटी बैठानेवाले हैं कि आखिर आग को इतना साहस कैसे हुआ कि आपके मकान को लग गयी! क्या उसने आपका मुहल्ला नहीं देखा। वी.आई. पीज़. का मुहल्ला है। और फिर आपके घर का नम्बर। एकदम एम.पीज़. और मिनिस्टरोंवाला। इन नम्बरों में भी आग लगने लगी तो फिर देश का गुजारा कैसे चलेगा?"

"आपको यह नम्बर मिला कैसे?" पास खड़े एक सज्जन ने पूछा।

"अरे हमारे लल्लू की खातिर!" वे मुस्कराये, "ऐसी कौन-सी खुराफात है, जो हमारा लल्लू नहीं करता, इसी से बड़े-बड़े लोगों तक पहुँच है।"

"हाँ! जी आपका लल्लू बड़ा आदमी है।" मैंने स्वीकार किया।

"बड़ा आदमी!" वे बोले, "जिस-जिस रिपोर्टर को खबर मिली, वही अपने दफ्तर की तरफ भागा और फटाफट अपने अखबार में खबर छाप दी। पुलिसवालों को पता चला तो उनके फोन आने शुरू हो गये। पुलिस कमिश्नर ने स्वयं फोन किया लल्लू को कि हाय! आग का मामला हमारे विभाग से सम्बन्धित क्यों न हुआ। हम आग को भी हथकड़ियाँ लगा देते।" उन्होंने आत्म-गौरव से लपलपाती एक दृष्टि मुझ पर डाली, "इन दिनों ऐसी ब्यस्तता है कोहली साहब! कि क्या कहें! साँस लेने की मोहलत नहीं है। जिधर देखो, बस इस आग की ही चर्चा है।"

मुझे लगा, रावण बेचारा व्यर्थ कल्पता फिरा। अरे उसकी लंका में जब आग लगी थी तो आकाश तक उठीं थी और दुनिया ने उसे देखा था। अब इनको देखकर क्या कहूँ, "जैसे इनके दिन फिरे वैसे ही सबके फिरें।"

मैं घर लौटा तो बहुत पीड़ित था : भला अपने शत्रुओं के घर उनके उत्सव पर जाने का क्या लाभ?

गिलास में आधुनिकता

गिलास तो मेरे हाथ में भी था; किन्तु उन्होंने अपना गिलास पेपर-नैपकिन से ढँक रखा था, जैसे छोटे बच्चे को बोतल से दूध पिलाते समय वहमी माताएँ उसे कपड़े से ढाँप लेती हैं। उनकी आँखों में थोड़ी लज्जा भी थी, किन्तु उस पर भी उन्होंने आक्रामकता का झीना आवरण डाल रखा था।

"दो-एक पेग लेने में कोई बुराई नहीं है।" उन्होंने बात आरम्भ की।

तब मेरी समझ में आया कि उनके गिलास में ऐसा क्या था, जिसे छिपाने का वे प्रयत्न कर रहे थे।

"तो फिर खुलकर क्यों नहीं पीते?" मैंने पूछा।

"छिपकर कौन पी रहा है।" वे बोले, "जब तक लोग खुलकर नहीं पियेंगे, भारत एक आधुनिक देश नहीं बन सकता।"

मैं समझ गया कि गिलास में उनकी आधुनिकता थी, जिसे वे गटकने का प्रयत्न कर रहे थे; किन्तु प्रत्येक घूँट उनके गले में अटक रहा था। स्पष्ट है कि जब कोई देश आधुनिकता को गिलास मेंभरकर इस प्रकार गटकने का प्रयत्न करेगा तो उसके गले को कष्ट तो होगा ही। सम्भव है कि उसका यकृत तभी विद्रोह करने लगे और उस देश को लिवर कैंसर हो जाये।

"तो गिलास में आपकी आधुनिक़ता है।" बोला, "यह पेपर-नैपकिन क्या है?"

"यह हमारी परम्परा है।" उन्होंने निर्लज्ज होकर मुस्कराने का प्रयत्न किया, "इस पार्टी में मेरे पिता जी भी हैं न।"

"आधुनिक होने का आपको क्या सुख होगा।" मैंने कहा, "यदि परम्परा से उसे ढाँपना ही पड़ा।"

"तुम नहीं समझोगे"। वे बोले, "ये सब बिजनेस की बातें हैं।"

मैं तो ख्याति-प्राप्त नासमझ हूँ। कई बार इच्छा भी हुई कि अपना तखल्लुम 'नासमझ' रख लूँ; किन्तु कविता ही नहीं हुई तो, तखल्लुस का क्या करता। फिर भी उस दिन एक मित्र की पुत्री ने भी कह दिया, "अंकल। आप यह सब नहीं समझेंगे।"

हमारे यहाँ एक प्रचलन है, 'माइयाँ पड़ने' का! वह भी अपने विवाह के दो दिन पहले से मैले कपड़े पहने घर में बैठी थी। मेहन्दी लगी हुई थी। कलाइयों में कलीरे बँधे हुए थे।...और ठीक विवाह के दिन वह 'वधू-शृंगार' कराने के लिए एक ब्यूटी-पार्लर तक पहुँचने के लिए, कनॉट प्लेस की सड़कों पर भागती-दौड़ती दिखायी दे रही थी।

"इस स्थिति में तुम्हें घर में रहना चाहिए था।" मैंने उसे टोक दिया, "ऐसे में बाहर सड़कों पर भागना-दौड़ना अच्छा नहीं लगता।"

"'ब्राइडल मेक-अप' तो कराना ही पड़ता है न!" वह बोली, "घर में बैठी रहती तो वह कैसे होता?"

होने को तो होता ही। नाईन घर पर आ जाती। पर शायद उसे कनॉट प्लेस की किसी ब्यूटीशियन के पास ही जाना था। न जाती, तो उसकी आधुनिकता खतरे में पड़ जाती। "तो बेटी। फिर इन कलीरों से ही मुक्ति पा लेतीं।" मैं अपना मत व्यक्त किये बिना नहीं रह सका।

"यह तो हमारा इंडियननेस है, हमारी आइडेंटिटी।" उसने मुझे समझाया, "आप यह नहीं समझेंगे।"

[रचना : 4.1.95]

अहंकार का गुब्बारा

वे मेरे लेखन की प्रशंसा कर रही थीं और मुझे सराह रही थीं, "आप पुरुष हैं, इसलिए परम स्वतन्त्र हैं। जब जो चाहे कर सकते हैं।"

"आप नहीं कर सकतीं?" मैंने पूछा।

"नहीं भाई! हमारा तो परिवार है, समाज है।"

"पुरुष का परिवार नहीं होता है या वह समाज में नहीं रहता?"

"अब देखिये न!" वे बोलीं, "इन छुट्टियों में आपने अपना उपन्यास पूरा कर लिया और मुझे अपने पति के साथ हिल-स्टेशन जाना पड़ गया।"

"हाँ! आपके साथ बहुत मजबूरियाँ हैं।" सहसा ही मुझे ज्ञान-लाभ हो गया था, "अब छुट्टियों में हिल-स्टेशन तो जाना ही पड़ता है न!"

मेरा समर्थन पाकर वे प्रसन्न हो गयीं, "अब कोई लिखने के लिए, जीवन का सारा आनन्द छोड़ तो नहीं सकता न! पति का साथ है। फिर बच्चों के लिए मनोरंजन इत्यादि भी आवश्यक है। हम तो कुछ भी नहीं छोड़ सकते न!"

"बिल्कुल ठीक कह रही हैं आप।" उनका विरोध करने का साहस मुझमें नहीं था, "व्यक्ति अपने दायित्व निभा ले, अपनी इच्छाएँ-आकांक्षाएँ पूरी कर ले, अपने संगी-साथियों को सुखी कर ले। फिर समय मिले तो लिखे; यह थोड़ी कि उन सबकी उपेक्षा कर बैठा लिखता रहे।"

"और क्या!" वे प्रसन्न हो गयीं, "मेरा लिखना तो वैसे ही टलता जाता है, जैसे भगवान् का मिलना। मनुष्य सोचता ही रह जाता है कि गृहस्थी के दायित्व पूरे हों और वह भगवान् का भजन करे, किन्तु न दायित्व पूरे होते हैं, न ईश्वर-भजन का समय आता है और जीव के इस संसार से चले जाने का समय आ जाता है।"

"आपने तो बहुत गहरी बात कह दी।" मैंने कहा, "सचमुच भगवान् को प्राप्त करना हो तो व्यक्ति को संसार तो छोड़ना ही पड़ता है।"

वे हँस पड़ीं, "आप मजाक अच्छा कर लेते हैं। संसार ही छोड़ दिया तो फिर भगवान् को किसके लिए पाना है?" और सहसा वे गम्भीर हो गयीं, "अब देखिये न! उस दिन आपने यह गोष्ठी का निमन्त्रण भिजवाया था। उस समय मेरे पास एक व्यक्ति बंगाली साड़ियों का ढेर लेकर आया हुआ था। एक से

एक खूबसूरत साड़ी थी। उनको देखते-देखते ही आपकी गोष्ठी का सारा समय निकल गया। मैंने सोचा कि गोष्ठियाँ तो फिर भी होती रहेंगी, पर ढाका और टंगाइल की साड़ियाँ बेचनेवाला सेल्समैन तो रोज नहीं आता न।"

"आप ठीक कहती हैं।" मैंने उन्हीं के तर्क को आगे बढ़ाया, "गोष्ठी में पढ़ी गयी रचनाओं को सुनकर आप उनका क्या करतीं। न वे आपके पहनने के काम आती हैं, न ओढ़ने के। आपके बताये बिना किसी को क्या पता चलता कि आपने साहित्यिक रचनाएँ सुन रखी हैं। पर बंगाली साड़ी पहनकर आप निकलेंगी तो दुनिया देखेगी। किसी को कुछ बताने की आवश्यकता ही नहीं है।"

"अब समाज को तो नहीं छोड़ सकती मैं।" उन्होंने अपना निर्णय दे दिया, "मेरी ननद अमरीका से आयी थी। प्रसाधन का जो सामान वह लायी थी, उसका मोह छोड़कर मैं आपके सेमिनार में चली आयी होती तो वह सारा सामान मेरी देवरानी ने हड़प लिया होता। फिर मैं कितनी भी अच्छी कहानी लिखती, उसको पढ़ने के लिए टी.वी. पर जाने लायक मेक-अप ही नहीं होता तो वह कहानी कभी किसी तक पहुँच पाती क्या? अब देखिये, साहित्य तो समाज के लिए है। समाज छोड़ दें तो साहित्य का क्या करें?"

"समाज से आपका तात्पर्य अपने किट्टी-ग्रुप से है क्या?" मैंने बहुत भीरु स्वर में पूछा।

"जी, आप ठीक समझे।" वे बोलीं, "किट्टी-ग्रुप छोड़ दूँ तो अपनी रचनाएँ किसे सुनाऊँ। जब हमारी किट्टी-पार्टी होती है, तो मुझमें ऐसी प्रेरणा जागती है कि दो-एक छोटी-मोटी कविताएँ मैं उसी दिन लिख डालती हूँ।"

उनकी यह प्रेरणा मेरे लिए सर्वथा नयी थी। वस्तुतः मैं कुछ चमत्कृत-सा हो गया था। बोला, "आप पार्टी के लिए कविताएँ लिखती हैं, अपनी आत्मोपलब्धि के लिए नहीं? क्या आपको ऐसा नहीं लगता कि बाहर की यह सारी भाग-दौड़ आपको अपने भीतर झाँकने का अवकाश ही नहीं देती और आप अपने-आप से विमुख होती जा रही हैं। आपको चाहिए कि आप अपने लेखन को साधना के रूप में ग्रहण करें। किसी समय यह भूल भी जायें कि आप नारी हैं। अपने-आपको केवल लेखक के रूप में देखें।"

मैंने अपनी ओर से, अपने अनुभव से उपलब्ध सहज सत्य उनको बिना मूल्य के ही सौंप दिया था। सोचा था कि वे चमत्कृत होकर मेरी प्रशंसा करेंगी, मेरी उदारता का बखान करेंगी, किन्तु बात कुछ और ही हो गयी। जाने क्यों सहसा ही उनका स्वाभिमान जाग उठा। रुष्ट होकर बोलीं, "आप मुझसे मेरा नारीत्व छीन लेना चाहते हैं। पुरुष तो मैं हूँ ही नहीं, नारीत्व भी नहीं रहा, तो

मैं क्या हो जाऊँगी। वैसे मुझे पहले ही समझ लेना चाहिए था कि आप भी पुरुष हैं। नारी-विरोधी तो होंगे ही। मेरी ही मूर्खता थी कि आपके लेखन की प्रशंसा कर आपके अहंकार को गुब्बारे-सा फुला दिया। तभी तो आप मुझे उपदेश देने पर उतर आये।...”

उनकी तीखी वाणी से मेरे अहंकार का गुब्बाारा फूट गया और मुझे अपनी औकात समझ में आ गयी... जाने मैं क्यों भूल जाता हूँ कि कहाँ मुझे तर्क करना है, और कहाँ बस मुस्कराकर रह जाना है...

समाचार

प्रतिनिधि द्वारा लाये गये समाचार पर एक दृष्टि डाल सम्पादक ने उसे घूरा, "यह समाचार है?"

"जी, एक स्त्री को उसके ससुर ने जिन्दा जला दिया है।" प्रतिनिधि ने करुण स्वर में कहा।

"तो उससे किसी को क्या कष्ट होगा।" सम्पादक ने उसे घूरा, 'जिसकी बेटी मरी है वह रोयेगा, जिसकी पत्नी मरी है वह रोयेगा। लोगों के लिए इस समाचार का क्या महत्त्व?"

प्रतिनिधि ने अकबकाकर सम्पादक की ओर देखा! क्या सम्पादक महोदय की संवेदनशीलता पूरी तरह नष्ट हो चुकी है? एक जीवित इंसान को किसी अत्याचारी ने जलाकर मार डाला और वे पूछ रहे हैं कि यह समाचार कैसे बनेगा। समाचार और क्या होता है?

सम्पादक ने प्रतिनिधि की ओर देखा, "देखो समाचार वह होता है, जिसको पढ़कर देश में खलबली मच जाये। लोगों को रात-रातभर नींद न आये। कई-कई शहरों में एक साथ दंगा हो उठे।" वह क्षणभर रुका, "और तुम ऐसी खबर लाये हो जिससे किसी मच्छर के कान पर भी जूँ नहीं रेंगेगी। ऐसी खबरों के लिए कम्पनी तुमको वेतन नहीं देती।"

प्रतिनिधि ने वह कागज उठा लिया और जैसे अपने-आपसे बोला, "मैंने तो हमीदा बेगम का अन्तिम बयान भी रिकॉर्ड कर लिया था।"

सम्पादक के चेहरे पर सहसा कुछ चमक आयी, "क्या नाम लिया तुमने?"

"जी, हमीदा बेगम।"

"अर्थात् महिला मुसलमान थी?" सम्पादक ने पूछा।

'जी।" प्रतिनिधि धीरे से बोला, "उसका ससुर भी मुसलमान है।"

"उसे तो होना ही है।" सम्पादक बहुत प्रसन्न दिखायी पड़ रहा था, "तुम ऐसा करो। समाचार यही रहने दो; किन्तु इसका जो शीर्षक तुमने दिया है न कि 'एक युवती को उसके ससुर ने जीवित जला डाला।' इसे बदलकर इसका शीर्षक रखो 'एक मुस्लिम युवती जीवित जला दी गयी'।"

प्रनिनिधि ने कुछ चौंककर सम्पादक की ओर देखा, "पर इससे क्या होगा? समाचार तो वही रहेगा। हाँ! मात्र शीर्षक पढ़नेवालों को गलतफहमी होने की आशंका अवश्य है।"

किन्तु सम्पादक आत्ममग्न था। उल्लसित स्वर में बोला, "मुसलमानों में मृतक को भी नहीं जलाते और यहाँ एक जीवित युवती जला दी गयी। कौन देखता है किसने जलायी और क्यों जलायी। लोग शीर्षक देखेंगे तो धड़ाधड़ अखबार खरीदेंगे। हो सकता है कि कुछ लोग बिना पूरी खबर पढ़े ही दंगा करने पर उतारू हो जायें, सोचो अखबार की बिक्री कितनी बढ़ जायेगी...।"

"पर सर! यह तो देश के हित में नहीं।" प्रतिनिधि धीरे से बोला।

सम्पादक ने उसे घूरा, "तुम्हें वेतन भारत माता से मिलता है या अखबारों से? जिससे वेतन मिलता है, उसी का हित साधो और बाकी सब भूल जाओ।"

रेल और राधा

रेलमन्त्री ने महाप्रबन्धक को बुला भेजा। महाप्रबन्धक, मन्त्री-दर्शन के सुख के मद में लहलहाते, खींसें निपोरते हुए उपस्थित हो गये।

"तुम्हें नौकरी करनी है या नहीं?" मन्त्री ने डाँटा।

महाप्रबन्धक का मद कुछ क्षीण हुआ। पूछा, "सरकार किस बात से रुष्ट हैं?"

"सरकार गये भाड़ में।" मन्त्री का क्रोध कम नहीं हुआ, "सैक्यूलर राज्य में तुम्हारी साम्प्रदायिकता नहीं चलेगी।"

"पर सरकार हुआ क्या?" महाप्रबन्धक समझ गया कि आज मन्त्रीजी फिर से सैक्यूलरवाद के नशे में हैं।

"सरकार के बच्चे। शताब्दी गाड़ी में 'राधा न नाचे' गाना बजाते हो।"

"सरकार यह तो फिल्मी गाना है।" महाप्रबन्धक ने कहा, "आपके कहने पर ही बजाते हैं, नहीं तो हम भजन बजाया करते थे।"

"फिल्मी गाना है।" "मन्त्री आपे से बाहर हो रहे थे, "हम बोल रहे हैं कि साम्प्रदायिक गाना है और उस पर भी ससुर कहता है कि फिल्मी गाना है।"

"इसमें साम्प्रदायिक क्या है सरकार?" महाप्रबन्धक ने साहस कर पूछा।

"राधा नहीं है इसमें?" मन्त्री गरजे।

"तो।"

"आज राधा बजा रहा है, कल को राधा के पीछे कृष्ण चला आवेगा, तो गाना साम्प्रदायिक हो जायेगा कि नहीं।" मन्त्री बोले, "इतनी मुश्किल से तो हम अपनी रेल से राधा-कृष्ण को निकाले हैं और ई ससुर फिल्मी गाने के माध्यम से फिर से उनको एंट्री दे रहा है।"

"अब इस देश का हम क्या करें सरकार! जहाँ आदमी राम और कृष्ण का नाम लिये बिना न उबासी लेता है, न श्वास छोड़ता है। वह फिल्मी गाना में भी घुस गया है। अब बताइये क्या बजावें रेल में?"

"कुछ बजाओ, पर राधा-कृष्ण नहीं बजना चाहिए।" मन्त्री बोले, "वह बजाओ, 'अभी तो मैं जवान हूँ।' लव सांग समाप्त हो गया है क्या?"

"सरकार आगे क्या कम अपराध हो रहा है कि अब लड़का लड़किन को जवान होने को उकसावे, अभी तो मैं जवान हूँ। और फिर बुड्ढ़ा सब भी तो जवान होने लगेगा। क्या होगा इस देश का सरकार!" महाप्रबन्धक ने कहा, "क्राइम अगेंस्ट वुमन बढ़ जायेगा।"

"अरे तो तुम रेल के महाप्रबन्धक हो कि होम सेक्रेट्री। तुमको क्या लेना-देना क्राइम से?"

"सरकार क्राइम से तो कुछ नहीं लेना, पर औरत लोगों की इज्जत की रक्षा तो करनी है। सब अपने ही देश की हैं।"

"वो अपनी इज्जत की चिन्ता कर लेगी। तुम्हारे पेट में क्यों मरोड़ उठ रहा है?"

"जैसे यात्री लोग अपने सामान की चिन्ता कर रहे हैं बिहार में।"

"बिहार क्या और दिल्ली क्या। सब जगह पर लोग अपनी और अपने सामान की रक्षा खुद्दै कर रहे हैं। तुम अपनी चिन्ता करो।"

"अपनी चिन्ता ही कर रहे हैं सरकार! इज्जत की चिन्ता न करें, पर वोट की चिन्ता तो करनी होगी।" महाप्रबन्धक बोला, "इश्क के गाने से तो भक्ति रस पिलाना अच्छा। फिल्मी गाना से तो सब लोग काम-धन्धा छोड़, इश्क लड़ाने का चैम्पियन हो रहा है। उसको बढ़ावा मिला तो रेल में डकैती के साथ अपहरण और बलात्कार होने लगेगा।"

मन्त्री कुछ गम्भीर हो गये। बोले, "भक्ति-रस नहीं पिलाना है, कुछ और पिलाओ।"

"देशभक्ति पिलायें?"

"नहीं। जहाँ देशभक्ति का बात होता है, वहीं राम-कृष्ण, शिव-गणेश, दुर्गा-भवानी सब आने लगता है। ई सब नहीं आयेगा तो प्रताप और शिवाजी आयेगा। उससे भाजपा को बढ़ावा मिलता है। साम्प्रदायिकता का विस्तार होता है।" मन्त्री चिन्तित हो गये, "सब जगह साम्प्रदायिकता का गढ़ है। कुछ कर लो, इस देश से साम्प्रदायिकता घटता ही नहीं है।"

"तो महात्मा गाँधी का गाना बजाते हैं, 'सबको सन्मति दे भगवान'।"

"ई तो करेला नीम चढ़ा हो गया। एक तो साम्प्रदायिक, दूसरे कांग्रेसी। नहीं चाहिए ई सब।"

"तो रेल में गाना बजाना बन्द कर दें सरकार? लोग सब अपना-अपना ट्रांसिस्टर बजा लेगा।" महाप्रबन्धक ने कहा।

"कुछ नहीं बजायेगा तो पैसेंजर सबको हमारा खून पिलायेगा क्या?" मन्त्री क्रुद्ध हो उठे, "अपना-अपना ट्रांसिस्टर! सब फिर से भजन बजाना शुरू कर

देगा। पता नहीं ई सूर, तुलसी, कबीर, दादू इतना भजन काहे लिख गया। सब साम्प्रदायिक है।"

"सरकार तो रेल के स्टेशन पर गीता प्रेस की किताब काहे बेचने देते हैं। साम्प्रदायिक है न सब।" महाप्रबन्धक ने सुझाया, "वहाँ कुछ और नहीं हो सकता?"

"क्या हो सकता है। लोग बाग को कुछ पढ़ने को भी तो चाहिए।"

"दूसरा किताब बेचिये—बन्दूक कैसे बनावें। रेल कैसे उड़ावें।" महाप्रबन्धक ने सुझाया।

"काहे को हमारा भेजा खा रहा है।" मन्त्री ने उसे डाँटा और फिर जैसे स्वयं से बोले, "हे राम! ई देश में फिलिम नहीं होता तो जाने हमारा क्या होता।"

"एक आइडिया और है सरकार!"

"क्या?"

"बनारस, मथुरा, प्रयाग, गया, अयोध्या, कन्याकुमारी का सारा रेल बन्द कर दीजिये।" महाप्रबन्धक ने कहा, "साम्प्रदायिक सिटी के लिए रेल काहे चलाते हैं। लोग वहाँ जायेगा तो साम्प्रदायिकता ही तो सीखेगा। बन्द कीजिये सब।"

"तुम्हारा तो दिमाग खराब है।" मन्त्री भड़क उठे, "इन सब नगर में रेल बन्द कर दें तो कहाँ चलायें, स्विटजरलैंड में?"

"और भी अच्छा।" महाप्रबन्धक बोला, "विदेशी मुद्रा भी अर्जित करेंगे और लोगों को साम्प्रदायिक होने से भी बचा लेंगे।"

"प्रस्ताव तो अच्छा है।" मन्त्री किसी गहरी सोच में डूब गये।

संस्कार

"आप उसको समझाइये।"

मैं समझ नहीं पाया कि रामलुभाया मुझे आदेश दे रहा है, अथवा मुझसे आग्रह कर रहा है। कभी-कभी वह इतना विनीत हो जाता था कि उसका आदेश भी निवेदन के समान लगने लगता था और कभी वह इतना खीझा हुआ होता था कि उसकी प्रार्थना भी डाँट जैसी लगने लगती थी।

मैंने देखा कि वह घबराया हुआ था और अपनी घबराहट में वह संज्ञा के स्थान पर सर्वनाम ही बोला करता था। घबराहट में जहाँ कुछ लोग हकलाने लगते हैं, वहीं कुछ लोग व्याकरण के शत्रु हो जाते हैं।

"किसे समझाऊँ?" मैंने पूछा।

"अपने भतीजे को।" उसने नाम इस बार भी नहीं बताया।

मैं अब भी उसकी बात नहीं समझ पाया था। मेरा कोई एक भतीजा तो था नहीं। पर तब मेरी बुद्धि ने जोर मारा। शायद वह अपने पुत्र की चर्चा कर रहा था। अपने देश में कुछ लोग अपने पुत्र को अपना पुत्र न बताकर दूसरे का भतीजा कहते हैं।

"अपने बेटे की चर्चा कर रहे हो?" मैंने पूछा।

"और नहीं तो क्या अपने बाप की चर्चा कर रहा हूँ। वैसे वह अपने-आपको समझता तो मेरा बाप ही है।"

वह चिड़चिड़ाया हुआ था, अतः उससे तर्क करना बेकार था। इस समय वह तर्कशून्य कुतर्कों से अटा पड़ा था।

"क्या समझाऊँ? मैंने पूछा।

"शराब पीने लगा है।"

"शराब।" मैं कुछ सहम गया, "इतना छोटा-सा लड़का शराब पीने लगा है?"

"मैंने सारा जीवन शराब को हाथ नहीं लगाया कि मेरे इस काम का मेरे बेटों पर बुरा प्रभाव न पड़े और यह फिर भी पीने लगा।" रामलुभाया ने विलाप किया।

"यदि तुम्हें यह भय न होता तो क्या तुम पीने लगते?" मैंने पूछा, "अथवा न पीने के कारण अब पछता रहे हो?"

"तुम मूर्खतापूर्ण प्रश्न मत पूछा करो।" उसने मुझे बिना किसी पारिश्रमिक के परामर्श दिया।

"मेरा तात्पर्य था कि क्या तुम्हारा मन पीने को करता रहा है?" मैंने कुछ हठ ठानी।

"मन प्रधान नहीं है।" वह बोला, "कर्म प्रधान है; और मैंने आजीवन शराब नहीं पी।"

"तुमने पी नहीं, किन्तु अपने मित्रों को पिलाते तो रहे हो।" मैंने उसका विरोध किया, "अपने अतिथियों का सत्कार करते हुए उन्हें पिलाते रहे हो। विवाह-शादी पर उसे आवश्यक मानते रहे हो। बेटों को सिखाते रहे हो कि अतिथियों का सत्कार करो। अतिथियों का सत्कार करते हुए तो लोग अच्छी चीजें ही खिलाते-पिलाते हैं। तुम्हारे बेटे यह देखेंगे तो यही मानेंगे कि मदिरा इतनी श्रेष्ठ चीज है कि पिताजी चाहे स्वयं न पीते हों, किन्तु अपने प्रिय लोगों को पिलाते अवश्य हैं।"

"फिर वही मूर्खता की बात।" उसने मुझे डाँट दिया, "उन पर संस्कार मेरे कर्मों के पड़ने चाहिए। वे चाहें तो अपने अतिथियों को पिला लें, स्वयं क्यों पीते हैं?"

"तुम्हारे कर्मों का ही प्रभाव पड़ रहा है।" मैं बोला, "वे भी शराब को उत्तम पदार्थ मानने लगे हैं। अपने मेहमानों को पिलाने से पहले पी रहे हैं।"

"इसके बड़े भाई ने भी पीनी आरम्भ कर दी थी।" रामलुभाया ने रहस्योद्घाटन किया, "उसकी पत्नी ने डाँटा तो छोड़ दी। अब मुझे यह बात एकदम पसन्द नहीं है कि मनुष्य पत्नी के कहने में इतना रहे कि अपना मन करे तो एक घूँट पी भी न सके।"

मैं तो इस सूचना से ही घबरा गया था कि उसका बड़ा बेटा भी पीने लगा था; पर उसका सिद्धान्त सुनकर तो मेरे मस्तिष्क का फ्यूज़ ही उड़ गया।

"पत्नी के कहने पर मनुष्य को बुरी आदतें नहीं छोड़नी चाहिए, पर पिता के कहने पर छोड़ देनी चाहिए?" मैंने पूछा।

"पत्नी के कहने में रहनेवाला नामर्द होता है और शराब पीनेवाला शराबी।" उसने व्याख्या की, "नामर्द होने से तो शराबी होना ही अच्छा है।"

"तो तुम क्या चाहते हो कि वह शराब पीनी छोड़े या न छोड़े?" मैंने पूछा।

"छोड़ दे।" वह बोला, "पर पिता के कहने पर छोड़े। पत्नी की गुलामी ठीक नहीं है।"

"अच्छा मैं उसे समझा दूँगा कि वह पत्नी की गुलामी और शराब दोनों ही छोड़ दे।" मैंने कहा "और बाप की गुलामी आरम्भ कर दे।"

"पिता के आदेश का पालन करना बाप की गुलामी नहीं होती।"

"और पत्नी की ठीक सलाह मानना पत्नी की गुलामी होती है?"

"होती है।" वह तड़पकर बोला, "मैं शराब को इतना बुरा भी नहीं समझता कि वह उसके लिए पत्नी का दास हो जाये।"

2

रामलुभाया ने अपनी तर्क पद्धति आगे चलायी, "उसे पीनी ही है तो पिये, पर पहले कमाये और अपने पैसों से पिये।"

"तो तुम्हें आपत्ति इससे नहीं है कि वह शराब क्यों पी रहा है, आपत्ति इस बात से है कि वह तुम्हारे पैसों से क्यों पी रहा है?" मैंने पूछा।

"हाँ! साले न कमायें, न धमायें और शराब पीने लगें।"

"पर उस पार्टी में तो सब तुम्हारे ही पैसे से पी रहे थे, उसने भी पी ली तो क्या हो गया?" मैंने पूछा।

"सब पी रहे तो पियें साले, पर वह क्यों पी रहा था।" वह क्रुद्ध स्वर में बोला, "बाप के पैसे क्या शराब में उड़ाने के लिए हैं?"

"मैं समझ गया" मैंने कहा, "तुम्हारे पैसे तुम्हारे मित्रों, पड़ोसियों तथा सम्बन्धियों के शराब पीने के लिए हैं, बेटों के शराब पीने के लिए नहीं।"

"तुम हर बात को उलटा कर देते हो।" वह मुझसे रुष्ट हो गया, "तुम रहने ही दो। मैं स्वयं ही समझा लूँगा। और पीता ही है तो क्या हो गया। अपने बाप के पैसे की पीता है, तुम्हारे बाप के पैसे की तो नहीं पीता।"

उसने मेरे उत्तर की प्रतीक्षा करने की भी आवश्यकता नहीं समझी।

समानता

रामलुभाया से मेरा झगड़ा ही हो गया। जाने क्या बात थी कि वह मेरी किसी बात से सहमत ही नहीं हो रहा था। मैं उससे सहमत हो सकता था, पर उसके पास अपनी बात के पक्ष में पर्याप्त तर्क तो हों। तर्क उसके पास कोई था नहीं और वह किसी हठीले पहलवान के समान न केवल अपनी बात पर अड़ा हुआ था, यह हठ भी कर रहा था कि मैं उसकी बात को न केवल मान लूँ वरन् उसे संसार का सबसे बड़ा सत्य भी घोषित कर दूँ।

वह यह मान रहा था कि आतंकवाद एक वास्तविक युद्ध था। वह इस बात से भी सहमत था कि आतंकवाद छापामार युद्ध से भिन्न था। छापामार युद्ध का आश्रय तो वह दुर्बल राष्ट्र या समाज आत्मरक्षा के लिए लेता है, जो अपने किसी आततायी और शक्तिशाली शत्रु से सीधा युद्ध नहीं कर सकता। इसके विपरीत आतंकवाद सर्वथा अमानवीय नरसंहार था। आतंकवादी तो यह भी नहीं जानता कि वह किस-किसकी मृत्यु का प्रबन्ध कर रहा है। इसका सम्बन्ध अधिकांशतः नशीले पदार्थों और शस्त्रों की तस्करी से जुड़ा होता है। अटूट धन प्राप्ति के किये। यह हिंस्र आन्दोलन अपनी रक्त की प्यास को बुझाने और अबाध व्यभिचार की सुविधा के लिए होते हैं। हाथ में बन्दूक पकड़कर आतंकवादी किसी के भी धन, मान और प्राणों का हरण कर सकता है। वह सत्ता के इस सुख का भोग करने का इच्छुक एक मानसिक रोगी है।

वह इन सब बातों पर मुझसे सहमत था, पर इस बात से सहमत नहीं था कि हमें उन आतंकवादियों को मारने का उतना ही अधिकार है, जितना किसी हत्यारे को मृत्युदंड देने का।

"पर क्यों?" मैंने पूछा, "आखिर अमरीका ने भी तो अफगानिस्तान और सूडान में आतंकवादी ठिकानों पर आक्रमण किये हैं।"

"हाँ! वह आत्मरक्षा के लिए ऐसा कर सकता है।" वह बोला।

"तो हमें यह अधिकार क्यों नहीं है?"

"क्योंकि अमरीका ऐसा नहीं चाहता।" वह हँसा।

पूछना तो मैं यह चाहता था कि अमरीका संसार का स्वामी है क्या? पर पूछा नहीं। जानता था कि संसार का तो नहीं पर वह रामलुभाया का स्वामी तो

था ही। अन्ततः मैंने झींककर पूछा, "पर अमरीका ऐसा क्यों नहीं चाहता?"

"इतनी-सी बात भी नहीं समझते।" वह हँसा, "एक कोठी की दीवार से लगकर एक झुग्गी बना दी जाये तो पुलिस उसको हटा देती है, पर एक झुग्गी की दीवार के साथ दूसरी झुग्गी बनायी जाये तो क्या कोई उसे हटाने आता है?"

"नहीं!" मैंने कहा, "पर इससे हमारे देश में आतंकवाद फैलानेवालों का क्या सम्बन्ध?"

"अमरीका वह कोठी है, जिसकी दीवार के साथ तो क्या, उसके आसपास भी कोई झुग्गी नहीं बना सकता।" रामलुभाया बोला, "और अपना देश तो है ही एक बड़ी-सी झुग्गी बस्ती। आप आतंकवादियों को समाप्त करने की बात कैसे कर सकते हैं।"

"यह तो कोई बात न हुई।" मैं बोला, "परमाणु परीक्षणों को लेकर भी अमरीका ऐसी ही बातें कर रहा है। अमरीका परीक्षण भी कर सकता है, बम भी बना सकता है। उसका जहाँ चाहे प्रयोग भी कर सकता है।...और हमें अपनी रक्षा के लिए भी कुछ करने की अनुमति नहीं है। यह कोई न्याय है? जो अधिकार बिल क्लिंटन को है, वही अटल बिहारी वाजपेयी को भी है।"

"नहीं है। नहीं है।" वह बोला।

मैं और भी रुष्ट हो गया, "अब यह बिल क्लिंटन रूस जा पहुँचा है। रूसियों को कह रहा है कि भारत को शस्त्र मत बेचो।"

"ठीक ही तो कह रहा है।" रामलुभाया ने कहा।

"ठीक कह रहा है।" मैं उच्च स्वर में बोला, "अमरीका को अधिकार है कि वह जिस देश को चाहे हथियार बेचे और रूस को यह अधिकार नहीं है?"

"हाँ! नहीं है।" रामलुभाया अपनी बात पर अड़ा रहा।

"अमरीका को अधिकार है कि वह जिस देश को भी अपना मित्र मानकर उसकी सैनिक सहायता करे और अन्य देशों को यह अधिकार नहीं है?"

"नहीं है।" वह बोला।

"यह कोई न्याय है।" मैंने कहा।

"न्याय क्या होता है?" उसने मुझे घूरकर देखा।

"न्याय होता है बराबरी में।" मैंने कहा, "जो अधिकार एक को है, वह सबको है। यही जनतन्त्र है। अमरीका को अपना व्यवहार जनतान्त्रिक बनाना चाहिए।"

"तुम तो पागल हो एकदम।" रामलुभाया बोला, "न्याय, समानता और जनतन्त्र जैसे बड़े-बड़े शब्द बोलते हो। बेचारे बिल क्लिंटन की बात ही नहीं समझते।"

"क्या है तुम्हारे बेचारे बिल क्लिंटन की बात?" मैंने झल्लाकर पूछा।

"यदि बिल क्लिंटन का अपनी पत्नी के अतिरिक्त दस स्त्रियों से शरीर सम्बन्ध है तो समानता के आधार पर तो उसे अपनी पत्नी को भी अपने अतिरिक्त दस पुरुषों से शरीर सम्बन्ध रचाने की अनुमति देनी चाहिए। दे देगा वह ऐसी अनुमति?" रामलुभाया ने मुझे घूरकर देखा, "बड़े आये समता का सिद्धान्त माननेवाले।"

❑❑❑